★ 100 RECETTES À DÉVORER ★

CUISINE MINCEUR
pour les gourmands

SOLAR
EDITIONS

Direction éditoriale : Corinne Cesano
Édition : Candice Roger
Collaboration éditoriale : Sophie Muraccioli
Création et direction artistique de la couverture : Claire Guigal
Mise en page & Photogravure : Nord Compo
Fabrication : Laurence Duboscq

Solar | un département **place des éditeurs**

place
des
éditeurs

ISBN : 978-2-263-06775-4
Code éditeur : S06775
Dépôt légal : janvier 2015
Imprimé en Espagne

SOMMAIRE

Des idées minceur… à dévorer 4

Les apéros 6

Les entrées 44

Les plats 80

Les desserts 158

Index des recettes 192

Des idées minceur… à dévorer

…POUR LES SPORTIFS

Quiche chèvre-roquette, p. 86

Lasagne ricotta-épinards, p. 94

Couscous de légumes, p. 98

Riz sauté aux asperges, poulet et amandes, p. 140

…PENDANT L'ÉTÉ

Salade acidulée aux graines de courges, p. 10

Gaspacho melon-pastèque-concombre, p. 44

Velouté glacé de courgettes au chèvre frais et à la menthe, p. 57

Smoothie minceur, p. 158

…AU PARFUM DE VOYAGE

Samossas feta-concombre, p. 28

Risotto à la milanaise, p. 100

Hamburgers de poisson, p. 126

Tajine de poulet aux pruneaux, p. 134

...AU GOÛT SUCRÉ-LÉGER

Tarte au fromage blanc et au citron vert, p. 170

Tarte mangue et mousse coco, p. 174

Tiramisu aux framboises, p. 178

Papillotes de bananes au sirop d'érable, p. 184

...TOUT POISSONS

Boulettes de poissons à l'ananas, p. 36

Blanquette aux trois poissons, p. 104

Sardines grillées farcies au caviar d'aubergines, p. 112

Risotto aux moules, p. 120

...POUR LES VÉGÉTARIENS

Tapas de pomme au caviar de carottes, p. 18

Salade printanière toute verte, p. 62

Paillassons de légumes, p. 74

Quinoa aux deux raisins, p. 108

TAPAS DE CONCOMBRE
à la tapenade

Calories : 99
Protides : 8 g
Lipides : 7 g
Glucides : 1 g

Pour 4 personnes
Préparation : 15 minutes

1 bol de crevettes grises
½ concombre

Pour la tapenade :
2 filets d'anchois
15 olives vertes
15 olives noires
1 gousse d'ail
1 cuill. à café de câpres
1 cuill. à soupe d'huile d'olive

1. Préparez la tapenade. Dénoyautez les olives. Pelez, puis dégermez la gousse d'ail. Mixez tous les ingrédients.

2. Décortiquez les crevettes et réservez-les.

3. Lavez et essuyez le concombre, puis coupez-le en rondelles de 0,5 cm d'épaisseur environ. Recouvrez les rondelles de tapenade et de quelques crevettes. Disposez sur une assiette de service et réservez au frais jusqu'au moment de déguster.

POUR LES TRÈS PRESSÉS ★★★

MUFFINS
poivrons-olives

Calories : 118
Protides : 7 g
Lipides : 10 g
Glucides : 17 g

Pour 12 muffins
Préparation : 15 minutes
Cuisson : 25 minutes

100 g de dés de poivrons vert et rouge
80 g d'olives noires dénoyautées
2 œufs
25 cl de lait demi-écrémé
100 g d'emmental
150 g de farine complète (T80)
100 g de farine blanche (T65)
1 sachet de poudre à lever biologique (sans phosphates)
1 gousse d'ail pelée et écrasée
2 cuill. à soupe de basilic ciselé
3 cuill. à soupe de pignons de pin
5 cuill. à soupe d'huile d'olive
Sel et poivre du moulin

1. Préchauffez le four à 180 °C (th. 6).

2. Poêlez les dés de poivrons 5 minutes dans 1 cuillerée à soupe d'huile d'olive, puis laissez tiédir.

3. Dans un saladier, mélangez les deux farines avec la poudre à lever. Cassez les œufs au centre, salez et poivrez, puis délayez avec le lait et le reste d'huile d'olive.

4. Ajoutez l'ail, le basilic, l'emmental râpé, les poivrons, les olives et 2 cuillerées à soupe de pignons de pin. Mélangez et répartissez la préparation dans 12 moules à muffins, de préférence en silicone. Disposez les pignons de pin restants sur chacun et enfournez pour 20 minutes. À la sortie du four, attendez 5 minutes avant de démouler.

POUR LES TRÈS NOMBREUX ★★★

SALADE ACIDULÉE
aux graines de courge

Calories : 136
Protides : 3 g
Lipides : 8 g
Glucides : 13 g

Pour 4 personnes
Préparation : 15 minutes
Cuisson : 2 minutes

3 petites carottes en botte
1 endive
1 pomme rouge acidulée (type Antarès, Braeburn)
2 cuill. à soupe de graines de pépins de courge

Pour la sauce :
1 yaourt nature
1 cuill. à soupe de cerfeuil ciselé
1 cuill. à café de moutarde à l'ancienne
1 cuill. à soupe de vinaigre de cidre
2 cuill. à soupe d'huile de pépins de courge (ou d'huile d'olive)
Sel et poivre du moulin

1. Nettoyez, puis essuyez les carottes avec du papier absorbant. Râpez-les ensuite au-dessus d'un saladier.

2. Coupez la base de l'endive et effeuillez-la. Émincez ses feuilles en lanières et ajoutez-les aux carottes râpées.

3. Lavez la pomme, essuyez-la avec du papier absorbant, puis coupez-la en deux, épépinez-la et taillez-la en fins bâtonnets (avec la peau). Ajoutez-les dans le saladier.

4. Poêlez à sec les graines de pépins de courge, à feu moyen, jusqu'à ce qu'elles éclatent un peu, puis réservez-les.

5. Préparez la sauce. Mélangez la moutarde et le yaourt dans un bol. Salez, poivrez, ajoutez le cerfeuil, versez le vinaigre et l'huile, puis mélangez. Versez la sauce dans le saladier, ajoutez les graines torréfiées, puis mélangez et répartissez dans des verrines.

POUR LES DÎNERS D'ÉTÉ ★★★

CAVIAR D'AUBERGINES
et ses chips au sésame

Calories : 111
Protides : 4 g
Lipides : 6,5 g
Glucides : 9 g

Pour 4 personnes
Préparation : 20 minutes
Cuisson : 32 minutes

Pour le caviar :
2 grosses aubergines
2 cuill. à soupe rases de purée de sésame (en magasin bio, type Jean Hervé)
1 cuill. à café de cumin en poudre
Quelques feuilles de coriandre ciselée (facultatif)
Sel

Pour les chips au sésame :
1 blanc d'œuf
25 g de farine de blé (T65)
1 cuill. à soupe d'huile de sésame
1 cuill. à soupe rase de graines de sésame + un peu pour parsemer
Sel

1. Coupez les aubergines en deux dans le sens de la longueur en laissant la peau et faites-les cuire à la vapeur 20 minutes.

2. À l'aide d'une cuillère à soupe, prélevez la pulpe et mixez-la avec les autres ingrédients (sauf la coriandre).

3. Rectifiez l'assaisonnement et agrémentez, si vous le souhaitez, de coriandre ciselée. Réservez au réfrigérateur.

4. Préchauffez le four à 180 °C (th. 6). Préparez les chips en mélangeant les ingrédients dans l'ordre.

5. Répartissez la préparation sur une feuille de cuisson en silicone à l'aide d'une cuillère à café, enformant une dizaine de petits tas espacés. Étalez avec le dos de la cuillère de façon à former une fine couche. Parsemez de graines de sésame avant d'enfourner pour 12 minutes, jusqu'à coloration. Servez le caviar piqué de chips au sésame.

MINI-CAKES
betterave-chèvre-échalote

Calories : 214
Protides : 7 g
Lipides : 14 g
Glucides : 15 g

Pour 8 mini-cakes
Préparation : 20 minutes
Cuisson : 50 minutes

75 g de betteraves rouges cuites
3 œufs
12,5 cl de lait demi-écrémé
20 g de margarine spécial cuisson
150 g de chèvre frais (type Petit Billy® ou Chavroux®)
50 g d'emmental
3 échalotes
150 g de farine (T65)
1 sachet de poudre à lever biologique (sans phosphates)
½ cuill. à café de paprika en poudre
6 cl d'huile d'arachide
Sel gris et poivre du moulin

1. Préchauffez le four à 180 °C (th. 6).

2. Pelez et émincez les échalotes. Pelez les betteraves et coupez-les en cubes.

3. Dans une poêle, faites fondre le beurre et mettez-y les échalotes à suer 5 minutes. Puis transvasez-les dans un saladier, ajoutez le fromage, les betteraves et le paprika. Assaisonnez et mélangez.

4. Dans un autre saladier, cassez les œufs et fouettez-les. Versez petit à petit la farine et la poudre à lever mélangées, et remuez. Incorporez l'huile et le lait en continuant de mélanger. Ajoutez l'emmental râpé, assaisonnez et mélangez de nouveau.

5. Ajoutez le contenu du saladier à la pâte à cake et mélangez délicatement à l'aide d'une cuillerée en bois. Répartissez la préparation dans des petits moules à muffins en silicone. Enfournez et laissez cuire 20 minutes. Sortez du four et laissez tiédir avant de démouler. Servez tiède ou froid.

VERRINES TRICOLORES
au boulgour

Calories : 65
Protides : 2,5 g
Lipides : 3,5 g
Glucides : 6 g

Pour 8 verrines
Préparation : 15 minutes
Cuisson : 15 minutes environ

1 petit melon (ou ½ gros melon)
200 g de tomates cerises
80 g de billes de mozzarella (au rayon frais)
80 g de boulgour cru
1 cuill. à soupe de menthe ciselée
1 cuill. à soupe de vinaigre de framboise
2 cuill. à soupe d'huile d'olive
Sel et poivre du moulin

1. Faites cuire le boulgour selon les indications portées sur le paquet.

2. À l'aide d'une cuillerée parisienne, prélevez la chair du melon en billes. Mélangez-les dans un saladier avec les billes de mozzarella et les tomates cerises.

3. Dans un bol, préparez la sauce en mélangeant l'huile d'olive, le vinaigre et la menthe ciselée. Salez et poivrez.

4. Égouttez le boulgour cuit et attendez qu'il soit tiède avant de l'ajouter dans le saladier, ainsi que la sauce. Mélangez et réservez au frais. Répartissez dans des verrines au moment de servir.

POUR LES GRANDS DÉBUTANTS ★★★

TAPAS DE POMME
au caviar de carotte

Calories : 60
Protides : 1 g
Lipides : 0,5 g
Glucides : 13 g

Pour 4 personnes
Préparation : 15 minutes
Cuisson : 10 à 15 minutes

250 g de jeunes carottes (en botte)
2 pommes acidulées (type Tentation ou Antarès)
2 cuill. à café de jus de citron
1 cuill. à soupe de fromage blanc à 20 % MG
1 petite échalote
1 cuill. à soupe de ciboulette (ou de persil plat) ciselée
Sel et poivre du moulin

1. Pelez, lavez, puis essuyez les carottes avec du papier absorbant. Coupez-les ensuite en rondelles. Déposez-les dans une casserole avec ½ verre d'eau. Salez, couvrez et laissez cuire 10 à 15 minutes à feu moyen.

2. Lavez les pommes et ôtez-en le cœur à l'aide d'un vide-pomme. Réservez-en un quartier, puis coupez le reste en lamelles de 3 mm d'épaisseur environ et badigeonnez-les de jus de citron pour éviter qu'elles noircissent. Disposez-les sur une assiette de service.

3. Égouttez les carottes et mixez-les avec le fromage blanc, l'échalote, la cuillerée de jus de citron restante, sel et poivre du moulin. Incorporez également la ciboulette.

4. Râpez le quartier de pomme réservé et ajoutez le tout dans la préparation. Goûtez et rectifiez l'assaisonnement si nécessaire, et réservez au frais. Au moment de servir, déposez 1 cuillerée de caviar de carotte sur chaque lamelle de pomme.

ROULEAUX DE POIVRON FARCIS
au chèvre frais

Calories : 110
Protides : 5 g
Lipides : 6 g
Glucides : 9 g

Pour 4 personnes
Préparation : 20 minutes
Cuisson : 10 à 15 minutes

200 g de fromage de chèvre frais (type Chavroux® ou Petit Billy®)
2 cuill. à soupe de yaourt nature au bifidus
2 poivrons jaunes
2 poivrons rouges
50 g de mesclun (ou salade)
1 cuill. à soupe de câpres
8 oignons nouveaux (ou grelots)
1 cuill. à soupe de basilic ciselé
1 cuill. à soupe de jus de citron
1 cuill. à café de curry en poudre
1 cuill. à soupe d'huile d'olive
Sel et poivre du moulin

1. Préchauffez le four à 190 °C (th. 6-7). Lavez les poivrons, puis coupez-les en deux, ôtez leur pédoncule et leurs graines. Déposez-les sur une plaque recouverte de papier sulfurisé et enfournez 10 à 15 minutes, jusqu'à ce que leur peau brunisse légèrement. Mettez-les à tiédir dans un saladier recouvert d'une assiette.

2. Pendant ce temps, épluchez et émincez les oignons. Lavez et essorez la salade, puis coupez-la en lanières.

3. Dans une jatte, mélangez le yaourt avec le curry, puis ajoutez les oignons, les câpres et le fromage de chèvre frais écrasé. Arrosez de jus de citron et d'huile, salez légèrement et poivrez. Ajoutez enfin le basilic et la salade. Mélangez le tout.

4. Enlevez délicatement la peau des poivrons tiédis. Répartissez la farce précédente dans les demi-poivrons et formez des rouleaux que vous disposerez sur un plat. Servez tiède ou frais, selon votre goût.

POUR LES
SUPER
GOURMANDS
★★★

MILLE-FEUILLE
chèvre-radis noir

Calories : 105
Protides : 4 g
Lipides : 5 g
Glucides : 11 g

Pour 4 personnes
Préparation : 15 minutes

50 g de mesclun (ou de roquette)
1 petit radis noir
6 oignons nouveaux (ou grelots)
1 pomme acidulée (Granny Smith)
2 cuill. à soupe de jus de citron
150 g de chèvre frais (type Petit Billy® ou Chavroux®)
2 cuill. à soupe de yaourt nature au bifidus
1 cuill. à soupe de basilic ciselé + quelques feuilles

Pour la décoration
1 cuill. à café de curry en poudre
1 cuill. à soupe d'huile d'olive
Sel et poivre du moulin

1. Mélangez le yaourt avec le curry, puis ajoutez les oignons émincés et le chèvre frais préalablement écrasé. Arrosez de 1 cuillerée de jus de citron et d'huile, légèrement car le fromage frais est déjà salé. Poivrez et ajoutez le basilic ciselé. Versez la préparation sur le mesclun (ou la roquette) coupé en lanières.

2. Lavez le radis noir, puis émincez-le finement, avec sa peau. Lavez la pomme, puis enlevez le cœur à l'aide d'un vide-pomme. Émincez-la finement en rondelles et arrosez du reste de jus de citron.

3. Disposez dans chaque assiette une rondelle de radis, un peu de farce au chèvre, puis une rondelle de pomme et renouvelez l'opération. Décorez de basilic.

POUR LES TRÈS PRESSÉS ★★★

MOUSSE DE RICOTTA
aux légumes sur blinis

POUR LES TRÈS NOMBREUX ★★★

Calories : 65
Protides : 3,5 g
Lipides : 3 g
Glucides : 6 g

Pour 15 blinis
Préparation : 20 minutes
Cuisson : 4 minutes

Pour les blinis :
1 œuf entier + 2 blancs
13 cl de lait demi-écrémé
100 g de farine de sarrasin (blé noir)
2 cuill. à café de graines de lin
1 cuill. à soupe d'huile pour la poêle
Sel et poivre du moulin

Pour la mousse de ricotta aux légumes grillés :
250 g d'un mélange de légumes grillés surgelés (aubergine, poivron, courgette)
250 g de ricotta
1 cuill. à soupe de basilic ciselé
2 pincées de piment d'Espelette (ou de Cayenne)
Sel et poivre du moulin

1. Préparez les blinis. Dans un saladier, mélangez au fouet la farine tamisée avec l'œuf entier. Réduisez les graines de lin en poudre et ajoutez-les dans la pâte. Incorporez ensuite le lait, puis 1 pincée de sel. Réservez.

2. Montez les blancs en neige ferme avec 1 pincée de sel. Incorporez-les délicatement à la pâte.

3. Huilez légèrement au pinceau le fond d'une poêle à blinis (ou, à défaut, une grande poêle dans laquelle vous pourrez faire cuire plusieurs blinis en même temps) et chauffez-la à feu doux. Versez-y 1 cuillerée de la pâte à blinis et faites cuire 2 minutes de chaque côté. Procédez de même avec le reste de pâte. Laissez tiédir les blinis.

4. Préparez la mousse. Mélangez la ricotta avec le basilic, le piment, sel et poivre du moulin. Coupez les légumes grillés en tout petits dés et mélangez-les à la ricotta.

5. Quand les blinis sont tièdes, étalez 1 cuillerée de mousse à la ricotta sur chacun d'eux et disposez-les sur une grande assiette de service.

ROULÉ D'OMELETTE
aux fines herbes et comté

Calories : 227
Protides : 16,5 g
Lipides : 17 g
Glucides : 1,5 g

Pour 4 personnes
Préparation : 5 minutes
Cuisson : 5 minutes

6 œufs
60 g de comté
12 cl de lait demi-écrémé
1 cuill. à soupe d'herbes ciselées fraîches ou surgelées
Huile d'arachide
Sel et poivre du moulin

1. Râpez le fromage.

2. Dans un saladier, cassez les œufs et ajoutez les herbes, le lait, le comté râpé, sel et poivre du moulin. Fouettez à la fourchette.

3. Faites chauffer une poêle antiadhésive légèrement huilée et versez la préparation aux œufs. Faites cuire jusqu'à ce que l'omelette prenne et versez dans une grande assiette. Essuyez le fond de la poêle à l'aide d'un papier absorbant, puis huilez à nouveau. Posez la poêle sur l'assiette avec l'omelette et retournez l'assiette pour faire cuire 4 minutes l'autre côté de l'omelette.

4. Versez l'omelette sur le plan de travail et faites-la rouler sur elle-même. Coupez en quatre parts et servez tiède.

POUR LES TRÈS PRESSÉS ★★★

SAMOSSAS
feta-concombre

Calories : 64
Protides : 3 g
Lipides : 4 g
Glucides : 4 g

Pour 12 samossas
Préparation : 20 minutes
Cuisson : 20 minutes

1 tronçon de 200 g de concombre
150 g de feta émiettée
12 cl de lait demi-écrémé
20 g de margarine spécial cuisson
6 feuilles de pâte filo (ou 6 feuilles de brick)
2 cuill. à soupe de farine (T65)
1 cuill. à soupe de coriandre ciselée
1 cuill. à soupe de menthe ciselée
1 cuill. à soupe d'huile

1. Faites fondre la margarine dans une casserole sur feu moyen, ajoutez la farine en une seule fois et mélangez. Incorporez le lait progressivement. Faites épaissir sur feu doux 2 minutes, sans cesser de mélanger. Incorporez la feta émiettée, la menthe et la coriandre puis éteignez le feu.

2. Lavez le concombre et coupez-le en deux dans le sens de la longueur. Éliminez les pépins à l'aide d'une petite cuillerée, puis émincez les deux parties en fines rondelles (en conservant la peau).

3. Préchauffez le four à 180 °C (th. 6). Coupez les feuilles de filo en deux, puis pliez-les en trois pour obtenir de longues bandes de pâte. Placez un douzième de la préparation à l'extrémité d'une de ces bandes et repliez délicatement, sans trop serrer, pour former des triangles.

4. Déposez les samossas sur une plaque tapissée de papier sulfurisé, badigeonnez-les d'huile au pinceau, puis enfournez pour 10 à 12 minutes. Servez chaud.

BRICKS
champignons-poireaux-cabécou

Calories : 177
Protides : 10 g
Lipides : 16 g
Glucides : 9,5 g

Pour 4 personnes
Préparation : 20 minutes
Cuisson : 15 minutes

300 g de champignons de Paris
3 blancs de poireaux
1 filet de jus de citron
4 cabécous
4 feuilles de brick rondes
1 cuill. à soupe de persil plat ciselé
4 pincées de thym séché
1 cuill. à soupe d'huile d'olive + 1 cuill. à café pour la plaque
Sel et poivre du moulin

1. Préchauffez le four à 180 °C (th. 6). Émincez finement les poireaux, puis lavez-les. Grattez les champignons, puis émincez-les. Arrosez-les du jus de citron pour éviter qu'ils noircissent.

2. Chauffez l'huile dans une poêle et faites-y revenir les champignons et les poireaux 3 minutes en remuant. Salez et couvrez. Laissez mijoter 5 minutes à feu doux. Hors du feu, ajoutez le persil et mélangez.

3. Sortez les feuilles de brick du réfrigérateur. Disposez un quart des légumes sur chaque feuille. Déposez 1 cabécou dessus, saupoudrez de thym et poivrez. Refermez chaque feuille de brick en repliant les côtés pour former un chausson.

4. Disposez les bricks sur la plaque du four huilée au pinceau, puis enfournez pour 6 à 8 minutes, jusqu'à ce qu'elles soient dorées. Servez aussitôt.

BROCHETTES DE MINI-CAKES
chèvre-courgette

Calories : 89
Protides : 3 g
Lipides : 5 g
Glucides : 8 g

Pour 10 brochettes
Préparation : 20 minutes
Cuisson : 15 à 20 minutes

½ courgette râpée
10 tomates cerises
2 œufs
5 cl de lait demi-écrémé
100 g de chèvre frais
4 pétales de tomates séchées
100 g de farine blanche (T65)
½ sachet de poudre à lever bio
½ gousse d'ail pelée et écrasée
2 cuill. à soupe de basilic
3 cuill. à soupe d'huile
Sel et poivre du moulin

1. Préchauffez le four à 180 °C (th. 6).

2. Dans un saladier, mélangez la farine avec la poudre à lever. Cassez les œufs au centre, salez et poivrez, puis délayez avec le lait et l'huile.

3. Ajoutez l'ail, le basilic, la courgette, le fromage de chèvre émietté et les tomates séchées coupées en dés. Mélangez et répartissez la préparation dans des mini-moules à cake, de préférence en silicone.

4. Enfournez pour 15 à 20 minutes. À la sortie du four, attendez 5 minutes avant de démouler, puis faites des brochettes en piquant 1 mini-cake et 1 tomate cerise sur une pique en bois.

POUR LES GRANDS DÉBUTANTS ★★★

CHIPS DE BETTERAVE,
dip de radis au cerfeuil

Calories : 84
Protides : 3,5 g
Lipides : 3,5 g
Glucides : 9,5 g

Pour 4 personnes
Préparation : 15 minutes
Cuisson : 30 minutes

Pour le dip :
10 radis (50 g)
½ échalote
5 branches de cerfeuil
100 g de fromage blanc
Sel et poivre du moulin

Pour les chips de betterave :
2 betteraves rondes crues
2 capsules de cardamome
Huile d'arachide

1. Préchauffez le four à 150 °C (th. 5).

2. Préparez les chips : pelez et rincez les betteraves avant de les essuyer sur un papier absorbant. Coupez-les à la mandoline et déposez-les sur une feuille de silicone posée sur une grille du four. Huilez les tranches au pinceau et saupoudrez de cardamome. Enfournez pour 30 minutes. Laissez refroidir sur la grille à la sortie du four.

3. Préparez le dip : coupez les queues des radis et grattez-les. Pelez et hachez l'échalote. Mixez-la avec les radis, le cerfeuil effeuillé, le fromage blanc, sel et poivre du moulin.

4. Goûtez, rectifiez l'assaisonnement si nécessaire, et réservez au frais.

5. Présentez le dip aux radis entouré des chips de betterave sur une grande assiette de service.

POUR LES ENFANTS SAGES ★★★

GALETTES DE SARRASIN
roulées au saumon fumé

POUR LES TRÈS NOMBREUX ★★★

Calories : 33,5
Protides : 2 g
Lipides : 1,5 g
Glucides : 3 g

Pour 4 crêpes (35 roulés environ)
Préparation : 10 minutes
Réfrigération : 1 heure 30
Cuisson : 3 à 4 minutes par crêpe

4 tranches de saumon fumé (180 g)
2 œufs
15 cl de lait demi-écrémé
80 g de farine de sarrasin (blé noir) tamisée
30 g de farine blanche (T65) tamisée
1 cuill. à café d'huile d'arachide
Sel et poivre du moulin

Pour la sauce :
150 g de carré frais
1 cuill. à soupe de jus de citron
1 cuill. à soupe d'aneth ciselé
1 cuill. à café de moutarde au piment d'Espelette
Sel

1. Dans un saladier, versez les farines, ajoutez les œufs un à un, puis battez au fouet en versant doucement le lait et 8 cl d'eau. Ajoutez l'huile et assaisonnez. Laissez reposer la pâte au moins 30 minutes au réfrigérateur.

2. Faites chauffer une poêle à crêpes de 20 cm de diamètre (au maximum) légèrement huilée au pinceau. Versez-y délicatement 1 louchée de pâte et laissez cuire la crêpe 1 à 2 minutes de chaque côté. Procédez de même pour les 3 autres crêpes et laissez tiédir.

3. Préparez la sauce en mélangeant tous les ingrédients.

4. Étalez 1 cuillerée de sauce sur la première crêpe et posez 1 tranche de saumon fumé dessus. Roulez la crêpe sur elle-même, puis filmez-la. Déposez le rouleau sur un plat et procédez de même avec les autres crêpes. Réservez au frais 1 heure environ.

5. Avant de servir, enlevez les films alimentaires. Coupez chaque crêpe roulée en tranches, enfoncez une pique en bois dedans et disposez sur un plat de service.

BOULETTES DE POISSON
à l'ananas

Calories : 84
Protides : 7 g
Lipides : 4,5 g
Glucides : 4 g

Pour 4 personnes
Préparation : 20 minutes
Réfrigération : 1 heure
Cuisson : 5 minutes

50 g de filet de poisson blanc (colin, julienne…)
¼ d'ananas frais
1 ciboule (à défaut, 1 cuill. à soupe de ciboulette ciselée)
½ cuill. à café de cinq-épices
1 cuill. à soupe de graines de sésame
1 cuill. à soupe d'huile de sésame
2 cuill. à soupe d'huile d'arachide pour le wok
Sel et poivre du moulin

1. Coupez la chair d'ananas en gros cubes.

2. Rincez et séchez le filet de poisson. Coupez-le en cubes et déposez-les dans le bol d'un mixer. Salez et poivrez, puis ajoutez la ciboule (ou la ciboulette) ciselée, les épices et l'huile de sésame. Mixez jusqu'à l'obtention d'une pâte homogène et réservez au moins 1 heure au réfrigérateur.

3. Avec la pâte, façonnez des boulettes de la taille d'une noix entre vos mains préalablement humidifiées. Versez les graines de sésame dans une assiette creuse et roulez les boulettes dedans.

4. Chauffez l'huile d'arachide dans un wok (ou une sauteuse) et faites-y dorer les boulettes de poisson. Déposez-les ensuite sur une assiette recouverte d'une feuille de papier absorbant.

5. Piquez 1 cube d'ananas, puis 1 boulette de poisson sur une pique en bois et servez.

POUR LES DÎNERS D'ÉTÉ ★★★

VERRINES DE CRABE
à la mangue

Calories : 70
Protides : 7 g
Lipides : 2 g
Glucides : 6 g

Pour 4 verrines
Préparation : 10 minutes

3 pinces de crabe (tourteau)
1/3 concombre
1/2 mangue fraîche

Pour la sauce :
2 cuill. à soupe de fromage blanc biologique à 20 % MG
1 cuill. à café de jus de citron vert
1 cuill. à café de menthe ciselée
1 cuill. à café de coriandre ciselée
1 cuill. à café rase de moutarde au piment d'Espelette (Picard®) ou de ketchup (à teneur réduite en sucre)
Sel, poivre du moulin et piment d'Espelette

1. Pelez la mangue. Coupez-la en tranches, puis en dés, et mettez-les dans un saladier.

2. Lavez et essuyez le concombre, puis coupez-le dans le sens de la longueur et éliminez les pépins à l'aide d'une cuillerée à café. Coupez la chair en dés, avec la peau, et ajoutez-les dans le saladier. Émiettez la chair du crabe et ajoutez-la également.

3. Mélangez dans un bol les ingrédients de la sauce et versez-la sur la préparation au crabe. Mélangez et répartissez dans des verrines puis réservez au frais jusqu'au moment de servir.

POUR LES TRÈS PRESSÉS ★★★

ÉMINCÉ DE POULET
aux légumes aigres-doux

Calories : 84
Protides : 7 g
Lipides : 4 g
Glucides : 5 g

Pour 6 personnes
Préparation : 15 minutes
Marinade : 2 heures
Cuisson : 5 minutes

- 1 belle escalope de poulet fermier
- 1 courgette
- 1 carotte
- ½ céleri-rave
- 1 échalote finement ciselée
- Le jus de ½ citron
- 2 pincées de curry en poudre
- 2 pincées de cumin en poudre
- 2 pincées de quatre-épices (ou de « mélange pour pain d'épices »)
- 1 cuill. à soupe de miel
- 2 cuill. à soupe de vinaigre de cidre
- 1 cuill. à soupe d'huile d'olive
- 1 cuill. à café de sauce soja

1. Épluchez la carotte et le céleri. Lavez-les, ainsi que la courgette. Essuyez-les, puis râpez les légumes, si possible à l'aide d'une mandoline. Mélangez-les dans un saladier avec le jus de citron.

2. Déposez l'échalote, le vinaigre, le miel et les épices dans une casserole, puis portez à ébullition. Versez le tout sur les légumes, mélangez, puis laissez mariner au moins 2 heures au réfrigérateur.

3. Émincez l'escalope de poulet en lanières. Arrosez-les d'huile et de sauce soja, mélangez, puis faites cuire quelques minutes dans un wok (ou une poêle) à feu moyen, sans cesser de remuer.

4. Au moment de servir, déposez un nid de légumes au fond des verrines et ajoutez quelques lanières de poulet tièdes.

POUR LES REPAS FESTIFS ★★★

TAPAS DE RADIS NOIR
au jambon ibérique

Calories : 124
Protides : 5 g
Lipides : 8 g
Glucides : 8 g

Pour 4 personnes
Préparation : 20 minutes

2 tranches de jambon cru (ibérique, de préférence)
2 kakis Persimon
1 petit radis noir

Pour la sauce :
1 cuill. à café de jus de citron vert
Le zeste râpé de ½ citron vert (non traité)
1 pincée de gingembre en poudre
2 cuill. à soupe d'huile d'olive
Sel et poivre du moulin

1. Préparez la sauce en en mélangeant tous les ingrédients, puis réservez.

2. Laver le radis noir et essuyez-le. À l'aide d'une mandoline ou d'une râpe fine (1 mm épaisseur), découpez des rondelles de radis noir. Coupez les kakis en tranches de 0,5 cm d'épaisseur environ, puis taillez-les en carrés. Coupez les tranches de jambon en lanières de 2 × 8 cm environ.

3. Sur un plat de service, disposez les carrés de kakis, trempez délicatement chaque rondelle de radis noir dans la sauce, puis disposez-les sur les kakis.

4. Disposez chaque lanière de jambon en « zigzag » sur une pique en bois, puis plantez le tout dans les rondelles préparées, de façon à fixer le tapas. Procédez de même pour les autres tapas. Servez frais.

GASPACHO
melon-pastèque-concombre

Calories : 79
Protides : 1 g
Lipides : 3 g
Glucides : 12 g

Pour 6 personnes
Préparation : 20 minutes
Réfrigération : 1 heure

1 belle tranche de pastèque (1/6 environ ou 800 g de chair en poids net)
1 melon de taille moyenne
1/3 concombre (180 g)
1 cuill. à soupe de menthe ciselée
1 cuill. à soupe de coriandre ciselée
1 cuill. à soupe de vinaigre de xérès
2 cuill. à soupe d'huile d'olive
Sel et piment d'Espelette

1. Lavez le concombre, essuyez-le et coupez-le en gros morceaux (en conservant la peau et les pépins). Réservez-en 50 g que vous recouperez en petits dés. Réservez aussi 50 g de chair de pastèque et 50 g de chair de melon, également coupées en petits dés.

2. Mixez le reste de la pastèque et du melon avec le concombre, en ajoutant 1 pincée de sel, 2 pincées de piment d'Espelette, le vinaigre et l'huile. Rectifiez l'assaisonnement si besoin, ajoutez la moitié de la menthe et de la coriandre, puis mélangez. Réservez au moins 1 heureeure au frais.

3. Au moment de servir, versez le gaspacho dans des verrines et répartissez-y les dés de fruits réservés. Parsemez du reste de menthe et de coriandre.

POUR LES
DÎNERS
D'ÉTÉ

SALADE DE FÈVES
aux framboises

Calories : 300
Protides : 15 g
Lipides : 20 g
Glucides : 15 g

Pour 1 personne
Préparation : 10 minutes
Cuisson : 5 minutes

1 poignée de jeunes pousses de salade (ou pousses d'épinards)
15 framboises
100 g de fèves pelées surgelées
50 g de feta
1 petit bocal (60 g) de poivrons grillés
1 cuill. à café de vinaigre de xérès
1 cuill. à soupe d'huile d'olive
Sel et poivre du moulin

1. Faites cuire les fèves à l'eau bouillante salée pendant 4 minutes, puis égouttez-les. Laissez-les tiédir.

2. Pendant ce temps, émiettez grossièrement la feta dans un petit saladier. Ajoutez ensuite les jeunes pousses de salade (ou les pousses d'épinards).

3. Égouttez soigneusement les poivrons grillés, puis coupez-en les deux-tiers en lanières. Mettez-les dans le saladier. Ajoutez enfin les fèves tiédies et les framboises. Mélangez très délicatement le tout.

4. Mixez les poivrons restants avec le vinaigre et l'huile d'olive. Salez et poivrez. Versez la sauce ainsi obtenue sur la salade et mélangez de nouveau.

POUR LES REPAS FESTIFS ★★★

PETITS CLAFOUTIS
aux aubergines

Calories : 160
Protides : 7 g
Lipides : 11 g
Glucides : 8 g

Pour 4 personnes
Préparation : 20 minutes
Cuisson : 20 minutes

2 aubergines
2 œufs
100 g de fromage de chèvre frais (type Chavroux® ou Petit Billy®)
10 cl de lait demi-écrémé
8 pétales de tomates séchées conservées à l'huile
1 échalote
1 gousse d'ail
1 cuill. à soupe de basilic ciselé
2 cuill. à soupe d'huile d'olive + 1 filet pour les moules
Sel et poivre du moulin

1. Préchauffez le four à 180 °C (th. 6).

2. Lavez et essuyez les aubergines, puis coupez-les en petits dés. Pelez et écrasez l'ail. Pelez et émincez l'échalote.

3. Chauffez l'huile dans une sauteuse et faites-y suer l'échalote 3 minutes. Ajoutez les dés d'aubergines et poursuivez la cuisson 5 minutes, en remuant à l'aide d'une spatule en bois. Si besoin, versez un peu d'eau pour éviter que les légumes n'attachent. Hors du feu, ajoutez les tomates séchées coupées en petits morceaux.

4. Huilez 4 mini-cocottes ou 4 ramequins individuels au pinceau. Répartissez-y les dés d'aubergines, puis ajoutez des petits morceaux de chèvre.

5. Dans un bol, fouettez les œufs avec le lait, l'ail, le basilic, sel et poivre du moulin. Versez la préparation dans les moules, sur les légumes. Enfournez pour 10 minutes, puis servez chaud.

TERRINE
de ratatouille

POUR LES SOIRÉES D'HIVER

Calories : 85
Protides : 5 g
Lipides : 5 g
Glucides : 5 g

Pour 6 à 8 personnes
Préparation : 20 minutes
Cuisson : 1 heure 40

4 tomates coupées en 8 quartiers chacune
2 petites courgettes coupées en petits morceaux
1 belle aubergine coupée en cubes
1 petit poivron rouge pelé, épépiné et coupé en cubes
4 œufs
1 oignon pelé et finement émincé
1 gousse d'ail pelée et hachée
1 cuill. à soupe de basilic frais ciselé
1 cuill. à café de sucre en poudre
1 cuill. à soupe de vinaigre balsamique
2 cuill. à soupe d'huile d'olive + 1 filet pour la terrine
Sel et poivre du moulin

1. Dans une sauteuse, faites chauffer 1 cuillerée à soupe d'huile à feu moyen. Faites-y revenir les cubes d'aubergine pendant 5 minutes, en les retournant souvent pour les dorer de tous côtés. Réservez dans un plat creux.

2. Chauffez le reste d'huile dans la sauteuse. Faites-y revenir l'oignon, l'ail et le poivron pendant 5 minutes, en remuant souvent. Salez et ajoutez les courgettes. Poursuivez la cuisson 5 minutes, en remuant de temps en temps. Ajoutez les tomates, le sucre et le vinaigre. Poivrez, mélangez bien et portez à frémissements. Remettez les cubes d'aubergine. Baissez le feu et couvrez. Laissez mijoter 10 minutes environ, en découvrant en fin de cuisson afin de laisser réduire le jus. Rectifiez l'assaisonnement et laissez tiédir.

3. Préchauffez le four à 180 °C (th. 6). Fouettez les œufs avec le basilic dans un saladier et ajoutez-y la ratatouille tiédie, puis mélangez.

4. Huilez une terrine et versez-y la préparation précédente. Enfournez pour 1 heure au bain-marie. Sortez du four et laissez refroidir avant de démouler.

SOUPE
au pistou

POUR LES SOIRÉES D'HIVER

Calories : 318
Protides : 18 g
Lipides : 10 g
Glucides : 39 g

Pour 6 personnes
Préparation : 25 minutes
Cuisson : 50 minutes

300 g de haricots cocos frais écossés (ou haricots blancs secs)
200 g de haricots verts
4 courgettes
2 tomates
2 carottes
2 blancs de poireaux
1 branche de céleri
1 oignon
1 gousse d'ail
70 g de petites pâtes à potage
1 branche de thym
1 feuille de laurier
1 cuill. à soupe d'huile d'olive
Sel et poivre du moulin

Pour le pistou :
30 g de parmesan
½ gousse d'ail pelée et dégermée
2 branches de basilic effeuillées
2 cuill. à soupe de pignons de pin
2 cuill. à soupe d'huile d'olive
Sel et poivre du moulin

1. Préparez le pistou. Râpez le parmesan au-dessus du bol d'un mixeur. Ajoutez les pignons, les feuilles de basilic, la demi-gousse d'ail, l'huile, sel et poivre du moulin. Mixez, puis rectifiez l'assaisonnement si besoin. Réservez.

2. Dans une cocotte à fond épais, mettez les haricots cocos, mouillez à hauteur et portez à frémissements. Écumez, puis ajoutez le thym et le laurier. Couvrez et laissez cuire 30 minutes environ. Ajoutez les haricots verts équeutés et lavés à mi-cuisson. Salez en fin de cuisson.

3. Pendant ce temps, lavez les courgettes et les tomates, puis coupez-les en dés. Pelez la carotte et coupez-la en rondelles. Nettoyez le céleri et les blancs de poireaux, puis coupez-les en tronçons. Pelez et émincez l'oignon et l'ail.

4. Dans une sauteuse, faites chauffer l'huile, puis ajoutez l'ail, l'oignon, les légumes découpés et salez. Mélangez et faites cuire 5 minutes environ, sans laisser colorer. Ajoutez le contenu de la sauteuse dans la cocotte, avec les haricots cocos, les haricots verts et les pâtes, et poursuivez la cuisson 10 minutes environ, jusqu'à ce qu'elles soient « al dente ». Poivrez et servez chaud, avec le pistou à part.

ŒUFS BROUILLÉS
à la tomate épicée

Calories : 203
Protides : 13 g
Lipides : 15 g
Glucides : 4 g

Pour 4 personnes
Préparation : 20 minutes
Cuisson : 10 minutes

8 œufs
200 g de pulpe de tomates en bocal
2 oignons moyens pelés et émincés
1 gousse d'ail pelée et émincée
1 cuill. à café de basilic ciselé
½ cuill. à café de piment (d'Espelette ou de Cayenne)
1 pincée de sucre en poudre
2 cuill. à soupe d'huile d'olive
Sel

1. Chauffez l'huile dans une grande poêle à feu moyen. Ajoutez les oignons et l'ail. Salez et saupoudrez de piment. Ajoutez la pulpe de tomates et le sucre. Baissez le feu, couvrez et laissez cuire 5 minutes. Puis retirez le couvercle et prolongez quelques minutes la cuisson, en laissant l'eau s'évaporer.

2. Battez les œufs en omelette dans une jatte avec une pincée de sel, puis versez-les dans la poêle. Brouillez-les avec une spatule en bois. Ne laissez pas trop cuire le mélange : il doit rester mousseux. Parsemez de basilic et servez chaud.

POUR LES GRANDS DÉBUTANTS ★★★

SALADE DE ROQUETTE, *poire et parmesan*

Calories : 124
Protides : 4 g
Lipides : 8 g
Glucides : 9 g

Pour 4 personnes
Préparation : 10 minutes

120 g de roquette
2 poires conférence
40 g de parmesan
4 brins de menthe
1 cuill. à café de vinaigre balsamique
1 cuill. à soupe d'huile d'olive
1 cuill. à soupe d'huile de colza
Sel et poivre du moulin

1. Rincez soigneusement la roquette sous un filet d'eau fraîche, puis essorez-la. Dans un saladier, versez le vinaigre, ajoutez sel et poivre du moulin, puis émulsionnez avec les huiles d'olive et de colza. Ajoutez la roquette, sans mélanger.

2. Prélevez de longs copeaux de parmesan au couteau Économe au-dessus du saladier.

3. Coupez les poires en quatre, pelez les quartiers et épépinez-les. Recoupez la chair en bâtonnets et ajoutez-les dans le saladier. Lavez, effeuillez et ciselez la menthe. Parsemez-en la salade et mélangez délicatement tous les ingrédients. Servez aussitôt.

VELOUTÉ GLACÉ DE COURGETTES

Calories : 99
Protides : 5 g
Lipides : 7 g
Glucides : 4 g

Pour 4 personnes
Préparation : 35 minutes
Cuisson : 25 minutes

4 courgettes moyennes
1 oignon
1 gousse d'ail
3 brins de menthe ciselés
80 g de fromage de chèvre frais maigre
1 cuill. à soupe de crème fraîche à 15 % de MG
1 cuill. à soupe de margarine
1 cuill. à soupe de farine
1 l de bouillon de volaille
Sel et poivre du moulin

1. Lavez les courgettes et coupez-les en rondelles (avec la peau). Pelez l'oignon et l'ail, puis hachez-les.

2. Chauffez la margarine dans une grande casserole et faites-y suer l'oignon et l'ail 2 minutes, puis ajoutez les courgettes. Salez et faites cuire 3 minutes environ, sans laisser colorer. Saupoudrez de farine, mélangez, puis versez le bouillon. Laissez mijoter 20 minutes à feu doux, avec un couvercle.

3. Hors du feu, ajoutez la crème et la moitié de la menthe ciselée. Poivrez légèrement.

4. Passez la soupe au mixeur, laissez-la refroidir, puis réservez-la au frais. Servez dans des bols, avec le fromage de chèvre émietté et le reste de menthe ciselée.

ŒUFS EN NIDS *de spaghettis*

POUR LES SUPER FAUCHÉS

Calories : 215
Protides : 11 g
Lipides : 11 g
Glucides : 26 g

Pour 4 personnes
Préparation : 15 minutes
Cuisson : 20 minutes

120 g de spaghettis complets
2 carottes
4 œufs
1 cuill. à soupe de basilic
2 cuill. à soupe d'huile d'olive
Gros sel, sel et poivre du moulin

1. Préchauffez le four à 180 °C (th. 6).

2. Faites cuire les spaghettis à l'eau bouillante salée selon les indications portées sur l'emballage, soit 10 minutes environ. Égouttez-les et laissez-les tiédir dans un saladier.

3. Pendant ce temps, pelez et lavez les carottes, puis râpez-les. Ajoutez-les aux pâtes tiédies, avec l'huile et le basilic. Mélangez bien.

4. Remplissez des mini-cocottes (ou des moules à tartelettes) avec le mélange de spaghettis en formant des nids. Puis enfournez-les pour 8 minutes environ, jusqu'à coloration noisette.

5. Pendant ce temps, mettez les œufs dans une casserole d'eau froide. Portez à ébullition, puis comptez 5 minutes de cuisson.

6. Disposez les nids dorés dans chaque assiette. Écalez délicatement les œufs et disposez-les à leur tour dans chaque nid. Coupez le sommet des œufs pour laisser apparaître le jaune, assaisonnez et servez.

GALETTES DE SARRASIN
aux épinards

POUR LES ENFANTS SAGES ★★★

Calories : 270
Protides : 19 g
Lipides : 14 g
Glucides : 17 g

Pour 4 personnes
Préparation : 20 minutes
Repos : 30 minutes
Cuisson : 40 minutes

Pour la pâte à crêpes :
15 cl de lait demi-écrémé
1 œuf
65 g de farine de blé noir
1 cuill. à café d'huile pour la poêle
1 pincée de sel

Pour la garniture :
600 g de pousses d'épinards
2 tomates
4 œufs
100 g de tomme de brebis
3 cuill. à soupe de vinaigre
1 noix de margarine spécial cuisson
Sel et poivre du moulin

1. Préparez la pâte à crêpes. Mélangez la farine avec le sel dans un saladier. Cassez l'œuf au milieu et délayez en versant le lait. Laissez reposer la pâte 30 minutes.

2. Pendant ce temps, préparez la garniture. lavez les tomates et coupez-les en rondelles. Coupez la tomme en copeaux à l'aide d'un couteau économe.

3. Rincez les pousses d'épinards sans les essorer. Faites fondre la margarine dans une sauteuse, ajoutez les épinards et laissez fondre à feu moyen pendant quelques minutes. Salez légèrement et poivrez, puis réservez hors du feu.

4. Faites cuire les crêpes dans une poêle de 22 cm de diamètre huilée au pinceau, sans les laisser colorer, en les retournant à mi-cuisson. Recommencez quatre fois cette opération. Réservez les galettes au chaud.

5. Faites pocher les œufs, un par un, 3 à 4 minutes à l'eau frémissante vinaigrée.

6. Répartissez les pousses d'épinards sur les galettes, puis ajoutez quelques rondelles de tomates et copeaux de tomme. Déposez 1 œuf poché, poivrez et servez.

SALADE PRINTANIÈRE
toute verte

Calories : 59
Protides : 5 g
Lipides : 5 g
Glucides : 9 g

Pour 4 personnes
Préparation : 20 minutes
Cuisson : 10 minutes

12 asperges vertes
200 g de petits pois
2 poignées de roquette
1 pomme verte (Granny Smith)
1 filet de jus de citron
1 cuill. à soupe d'un mélange d'herbes aromatiques (persil plat, ciboulette, cerfeuil...)
2 cuill. à soupe d'huile d'olive
1 cuill. à soupe de vinaigre de xérès
Sel et poivre du moulin

1. Faites cuire les petits pois et les asperges dans une sauteuse d'eau salée frémissante, 10 minutes environ.

2. Pendant ce temps, lavez et essuyez la pomme, puis coupez-la en quatre, épépinez-la sans la peler et émincez 3 quartiers en fines lamelles. Déposez-les dans un saladier et arrosez-les de jus de citron, pour éviter que la chair noircisse.

3. Égouttez les petits pois et les asperges, puis ajoutez-les dans le saladier. Mixez le quartier de pomme restant avec un peu d'eau de cuisson des asperges, les herbes, l'huile et le vinaigre. Salez, poivrez, puis versez la sauce sur les légumes printaniers. Ajoutez la roquette et mélangez délicatement. Servez aussitôt.

POUR LES SUPER FAUCHÉS ★★★

SOUPE DE PATATES DOUCES
et carottes

Calories : 291
Protides : 4 g
Lipides : 7 g
Glucides : 53 g

Pour 4 personnes
Préparation : 10 minutes
Cuisson : 20 minutes

2 patates douces (800 g environ)
2 carottes
1 oignon
3 ciboules ou cives
10 cl de lait de coco
2 cuill. à soupe de coriandre ciselée
1 cm de gingembre frais pelé et râpé
1 cuill. à soupe de curry en poudre
1 cuill. à soupe d'huile d'olive
1 cube de bouillon de légumes
Sel et poivre du moulin

1. Pelez les patates douces et les carottes, puis lavez et essuyez-les. Coupez-les en morceaux. Hachez finement les ciboules. Pelez et émincez l'oignon.

2. Chauffez l'huile dans une cocotte à fond épais. Faites-y revenir l'oignon avec 1 pincée de sel pendant 2 minutes, en remuant. Ajoutez le gingembre et saupoudrez de curry. Remuez 1 minute. Puis ajoutez les patates douces et les carottes, la moitié de la coriandre et les ciboules. Versez le lait de coco dans lequel vous aurez émietté le cube de bouillon. Mouillez à hauteur. Couvrez et laissez cuire 15 à 20 minutes à feu moyen.

3. Mixez les légumes en versant le bouillon de cuisson progressivement, selon la texture souhaitée. Rectifiez l'assaisonnement de la soupe. Servez-la chaude, parsemée du reste de coriandre.

POUR LES SOIRÉES D'HIVER ★★★

SALADE DE POIRE
au gouda et au cumin

Calories : 135
Protides : 5 g
Lipides : 7 g
Glucides : 13 g

Pour 4 personnes
Préparation : 25 minutes

3 poires
4 poignées de salade de saison
60 g de gouda au cumin
4 cuill. à café de germes de blé en paillettes
3 brins de basilic
3 brins de persil
3 brins de coriandre

Pour la vinaigrette à la rhubarbe :
1 cuill. à soupe de compote de rhubarbe
1 cuill. à soupe de vinaigre de cidre
1 cuill. à soupe d'huile de colza
1 cuill. à soupe d'huile d'olive
Sel et poivre du moulin

1. Lavez et essorez la salade, puis déposez-la dans un saladier. Ajoutez les herbes finement ciselées. Mélangez, puis disposez un petit dôme au centre de chaque assiette.

2. Pelez les poires et coupez-les en deux, puis épépinez-les et taillez-les en fines lamelles. Disposez-les en corolle autour de la salade.

3. Mélangez les ingrédients de la vinaigrette, puis versez-la sur le contenu des assiettes.

4. Prélevez des copeaux de fromage à l'aide d'un couteau Économe et répartissez-les sur les salades. Parsemez chacune avec 1 cuillerée à café de germes de blé et servez.

CUBES DE POLENTA,
ketchup maison

POUR LES ENFANTS SAGES ★★★

Calories : 18
Protides : 1,5 g
Lipides : 0,5 g
Glucides : 9,5 g

Pour 6 personnes,
20 cubes de polenta environ
Préparation : 15 minutes
Cuisson : 25 minutes
Réfrigération : 2 heures

100 g de polenta
15 cl de lait demi-écrémé
1 cuill. à café d'herbes de Provence

Pour le ketchup maison :
20 cl de coulis de tomates
20 g de sucre en poudre
½ cuill. à café de gingembre en poudre
2 pincées de piment d'Espelette
2,5 cl de vinaigre de xérès
Sel

1. Portez le lait et 25 cl d'eau à ébullition, puis salez et versez la polenta en pluie. Faites cuire en remuant sans cesse, selon les indications portées sur le paquet. Ajoutez les herbes de Provence.

2. Étalez la préparation dans un plat à gratin tapissé de papier sulfurisé, sur 1,5 cm d'épaisseur environ. Laissez refroidir, puis mettez 2 heures au réfrigérateur.

3. Préparez le ketchup : versez le sucre, sans ajouter d'eau, dans une casserole et chauffez jusqu'à ce qu'il se transforme en caramel blond. Ajoutez hors du feu (pour éviter les projections) le vinaigre et le coulis de tomates. Saupoudrez de gingembre et de piment, puis salez. Mélangez et remettez à mijoter 15 minutes à feu doux, en remuant souvent. Laissez refroidir et réservez au frais.

4. Préchauffez le four à 180 °C (th. 6).

5. Découpez des cubes de polenta à l'aide d'un couteau et disposez-les sur la plaque du four. Laissez griller quelques minutes, jusqu'à coloration.

6. Placez le ketchup maison dans un bol au centre d'une grande assiette et les cubes de polenta dorés autour. Servez avec des piques ou des fourchettes apéritives.

PETITS FLANS DE CAROTTES
et champignons

Calories : 146
Protides : 6 g
Lipides : 10 g
Glucides : 8 g

Pour 4 personnes
Préparation : 25 minutes
Cuisson : 45 minutes

450 g de carottes
100 g de champignons de Paris
2 œufs
25 g d'emmental râpé
4 noisettes de margarine spécial cuisson
1 petite échalote
25 cl de bouillon de volaille
10 brins de ciboulette finement ciselés
2 cuill. à soupe d'huile d'olive
Sel et poivre du moulin

1. Pelez et lavez les carottes, puis coupez-les en rondelles. Chauffez 1 cuillerée soupe d'huile dans une sauteuse et faites-y revenir les carottes 3 minutes. Ajoutez le bouillon et laissez cuire 20 minutes environ, jusqu'à évaporation complète du liquide. Salez et poivrez en fin de cuisson.

2. Pendant ce temps, grattez les champignons et coupez-les en dés. Pelez et hachez l'échalote. Poêlez le tout dans 1 cuillerée à soupe d'huile chaude, 5 minutes environ, jusqu'à coloration.

3. Préchauffez le four à 180 °C (th. 6). Passez les carottes au moulin à légumes. Battez les œufs dans un saladier, puis ajoutez-y la purée de carottes, les champignons à l'échalote, l'emmental et la ciboulette. Mélangez bien.

4. Graissez avec la margarine 4 petits ramequins et répartissez-y la préparation précédente. Disposez-les dans un plat allant au four et versez-y de l'eau chaude jusqu'aux trois quarts de leur hauteur. Enfournez et faites cuire au bain-marie pendant 20 minutes. Démoulez et servez chaud.

SOUPE DE PANAIS ET POIREAUX *au curry*

Calories : 80
Protides : 3 g
Lipides : 4 g
Glucides : 8 g

Pour 6 personnes
Préparation : 30 minutes
Cuisson : 50 minutes

3 poireaux
3 panais
1 grosse pomme de terre (bintje) coupée en huit
20 cl de lait demi-écrémé
20 g de margarine spécial cuisson
1 cube de bouillon de légumes
1 cuill. à café de curry en poudre
1 filet d'huile d'olive
1 branche de persil plat
Sel

POUR LES SOIRÉES D'HIVER

1. Pelez les panais et coupez-en un en cubes. Coupez la base et la partie verte des poireaux et émincez les blancs. Déposez-les dans une passoire et rincez-les sous un filet d'eau fraîche, puis laissez égoutter. Chauffez la margarine dans une cocotte et faites-y suer les cubes de panais et les poireaux émincés avec une pincée de sel pendant 5 minutes, à feu moyen.

2. Pelez la pomme de terre, lavez-la puis coupez-la en huit. Ajoutez-la dans la cocotte et parsemez de curry. Mélangez et baissez le feu. Couvrez d'eau à hauteur et ajoutez le cube de bouillon, portez à frémissements et laissez cuire 20 minutes environ.

3. Pendant ce temps, préchauffez le four à 180 °C (th. 6). Détaillez les 2 panais restants en fines lamelles avec un couteau économe. Disposez-les sur une plaque tapissée de papier sulfurisé. Badigeonnez-les d'un filet d'huile d'olive à l'aide d'un pinceau. Enfournez pour 20 minutes environ, en les retournant à mi-cuisson.

4. Ajoutez le lait dans la cocotte et laissez frémir encore 5 minutes. Mixez les légumes en versant le bouillon petit à petit jusqu'à obtenir la consistance souhaitée, puis répartissez la soupe dans 6 bols. Disposez les lanières de panais à la surface, avec quelques feuilles de persil. Servez aussitôt.

PAILLASSONS
de légumes

Calories : 113
Protides : 6 g
Lipides : 7 g
Glucides : 6,5 g

Pour 4 personnes
Préparation : 20 minutes
Cuisson : 25 minutes

220 g de carottes
110 g de céleri-rave
Le jus de ½ citron
2 œufs
15 cl de lait demi-écrémé
1 noisette de margarine spécial cuisson pour chaque moule
1 échalote
½ botte de cerfeuil
Piment d'Espelette
Gros sel et sel fin

Pour le coulis de tomate :
50 g de fromage blanc à 20 % MG
200 g de pulpe de tomate en bocal
1 oignon
1 cuill. à soupe d'huile d'olive
25 cl de bouillon de volaille
Piment d'Espelette

1. Pelez les carottes et le céleri, puis coupez-les en petits bâtonnets. Citronnez le céleri pour éviter qu'il noircisse.

2. Portez une casserole d'eau à ébullition avec un peu de gros sel, puis faites-y blanchir les légumes quelques minutes. Égouttez-les.

3. Préchauffez le four à 180 °C (th. 6). Dans un saladier, fouettez vivement les œufs avec le lait, 1 ou 2 pincées de sel et 2 pincées de piment d'Espelette.

4. Hachez grossièrement le cerfeuil. Graissez 4 moules à tarte individuels de 8 cm de diamètre et 2 cm de hauteur. Répartissez-y le cerfeuil, puis les légumes. Versez la préparation à flan dessus, sans aller jusqu'à ras bord. Enfournez pour 20 minutes.

5. Pendant ce temps, préparez le coulis. Faites revenir l'oignon pelé et coupé en petits dés dans une casserole huilée. Salez, puis versez la pulpe de tomate. Couvrez et laissez mijoter 5 minutes à feu doux. Laissez refroidir. Ajoutez le fromage blanc et 1 pincée de piment. Mixez le tout et rectifiez l'assaisonnement en sel si besoin.

6. Sortez les paillassons du four. Démoulez-les directement sur des assiettes et servez-les entourés d'un peu de coulis.

TARTINES DE COTTAGE CHEESE
au saumon fumé

Calories : 325
Protides : 18 g
Lipides : 9 g
Glucides : 43 g

Pour 4 personnes
Préparation : 10 minutes
Cuisson : 5 minutes

5 tranches de saumon fumé (150 g)
200 g de cottage cheese
1 cuill. à café de jus de citron
8 tranches de pain au levain et aux céréales « multigraines » (si possible ayant la forme du pain de mie)
6 brins d'aneth frais
Sel et poivre blanc

1. Ciselez les brins d'aneth. Mixez 1 tranche de saumon avec le cottage cheese, le jus de citron, du sel, du poivre et une cuillerée à soupe d'aneth ciselé. Coupez les autres tranches de saumon en lanières.

2. Faites griller les tranches de pain et tartinez-les du mélange au cottage cheese. Recouvrez de lanières de saumon en diagonale et parsemez du reste d'aneth ciselé.

POUR LES TRÈS PRESSÉS ★★★

CROUSTILLANTS *de crabe*

POUR LES REPAS FESTIFS ★★★

Calories : 243
Protides : 13 g
Lipides : 11 g
Glucides : 23 g

Pour 4 personnes
Préparation : 30 minutes
Cuisson : 20 minutes

200 g de chair de crabe fraîche ou surgelée (pinces de tourteau)
2 pommes acidulées (Granny Smith)
2 carottes
4 feuilles de brick
20 g de gingembre frais
1 cuill. à café de curry en poudre
1 cuill. à soupe d'huile d'arachide
1 noix de margarine pour cuisson
Sel et poivre du moulin

Pour la sauce :
1 orange
1 yaourt nature brassé
1 pincée de gingembre en poudre
1 cuill. à café de sauce soja
1 cuill. à soupe d'huile de colza

1. Préchauffez le four à 180 °C (th. 6).

2. Pelez les pommes et les carottes, puis taillez-les en fins bâtonnets. Pelez le gingembre et râpez-le.

3. Faites chauffer la margarine dans une poêle, ajoutez les carottes et le gingembre, puis faites revenir 2 minutes. Saupoudrez de curry et ajoutez les pommes avec 2 cuillerées à soupe d'eau. Poursuivez la cuisson 5 minutes. Puis, hors du feu, incorporez le crabe et assaisonnez.

4. Coupez chaque feuille de brick en deux. Posez une demi-feuille sur le plan de travail, bord arrondi vers le bas. Déposez un huitième de la farce au crabe sur le haut de la feuille, à 1 cm du bord droit et en longeant cette ligne droite. Refermez en formant un rouleau et pliez les extrémités. Renouvelez l'opération avec les feuilles restantes.

5. Déposez les rouleaux sur une plaque de cuisson légèrement huilée (ou sur une feuille de papier sulfurisé). Huilez les rouleaux au pinceau et enfournez pour 10 minutes, jusqu'à ce qu'ils soient dorés.

6. Pendant ce temps, préparez la sauce. Pressez l'orange et versez son jus dans un bol. Ajoutez le gingembre, la sauce soja, l'huile et le yaourt, puis mélangez. Servez les rouleaux croustillants accompagnés de cette sauce.

CROUSTILLANTS
chèvre-tomate

Calories : 223
Protides : 11 g
Lipides : 15 g
Glucides : 11 g

Pour 4 personnes
Préparation : 10 minutes
Cuisson : 15 minutes

4 tomates de taille moyenne
8 rondelles de sainte-maure de 5 mm d'épaisseur environ
4 feuilles de brick
1 oignon pelé et émincé
2 cuill. à soupe de basilic ciselé
1 cuill. à soupe d'huile d'olive + 1 filet pour la plaque
Sel et poivre du moulin

1. Préchauffez le four à 180 °C (th. 6).

2. Lavez les tomates, éliminez le pédoncule, puis coupez-les en petits cubes

3. Chauffez l'huile dans une poêle et faites-y revenir l'oignon émincé jusqu'à coloration. Ajoutez les cubes de tomates, salez et laissez mijoter à feu doux jusqu'à évaporation de leur eau. Hors du feu, ajoutez 1 cuillerée à soupe de basilic.

4. Sortez les feuilles de brick du réfrigérateur. Au centre de chacune, disposez un quart des tomates, 2 rondelles de fromage, puis parsemez d'un peu de basilic et poivrez. Refermez chaque feuille de brick en repliant les côtés pour former des chaussons.

5. Déposez les 4 chaussons obtenus sur une plaque légèrement huilée au pinceau. Enfournez pour 6 à 8 minutes, jusqu'à ce que les croustillants soient dorés. Servez chaud.

POUR LES SUPER FAUCHÉS ★★★

PETITS FLANS
à la tomate

Calories : 80
Protides : 5 g
Lipides : 4 g
Glucides : 6 g

Pour 4 personnes
Préparation : 15 minutes
Cuisson : 15 minutes

125 g de tomates cerises
1 œuf entier + 1 jaune
25 cl de lait demi-écrémé
1 cuill. à soupe rase de fécule (Maïzena® ou arrow-root)
Sel et poivre du moulin

1. Fouettez les œufs dans un saladier. Délayez la fécule avec un peu de lait et versez sur les œufs avec le reste de lait. Salez et poivrez.

2. Versez la préparation dans 4 petits ramequins. Déposez-y les tomates et mettez-les à cuire dans un cuit-vapeur pendant 10 à 15 minutes environ.

POUR LES SUPER FAUCHÉS ★★★

WRAP DE POULET
aux carottes et à la mimolette

Calories : 377
Protides : 26 g
Lipides : 17 g
Glucides : 30 g

Pour 1 personne
Préparation : 15 minutes

50 g d'émincé de poulet grillé
1 carotte râpée
1 poignée de salade de mâche
30 g de mimolette vieille
Le jus de ½ citron vert
1 tortilla au blé complet
1 cuill. à soupe de coriandre
1 cuill. à café de graines de sésame grillées
1 cuill. à café d'huile de sésame
Sauce soja, poivre

1. Dans un petit saladier, mélangez la carotte râpée, le poulet et la mâche. Ajoutez la mimolette coupée en copeaux à l'aide d'un couteau économe.

2. Dans un bol, mélangez le jus de citron, l'huile, la coriandre ciselée, la sauce soja et 1 pincée de poivre. Au moment de déguster, assaisonnez la salade avec cette sauce et ajoutez-y les graines de sésame grillées. Garnissez-en la tortilla, puis roulez-la sur elle-même et pliez-en une extrémité pour former un wrap.

GRATIN DE COURGETTES *fondantes*

Calories : 157
Protides : 8 g
Lipides : 9 g
Glucides : 11 g

Pour 4 personnes
Préparation : 20 minutes
Cuisson : 30 minutes

4 courgettes
25 cl de lait demi-écrémé
40 g d'emmental (ou de gouda)
20 g de fécule (arrow-root ou Maïzena®)
1 oignon
1 cuill. à café de thym séché
1 pincée de noix muscade
2 cuill. à soupe d'huile d'olive + 1 filet pour le moule
Sel et poivre du moulin

1. Lavez et essuyez les courgettes, puis coupez-les en rondelles de 0,5 cm de large environ. Pelez et émincez l'oignon.

2. Chauffez l'huile dans une poêle et faites-y revenir l'oignon avec 1 pincée de sel, sans le laisser colorer. Ajoutez les courgettes, le thym et salez. Faites revenir les légumes à feu moyen une dizaine de minutes en les retournant souvent, puis réservez.

3. Préchauffez le four à 180 °C (th. 6). Délayez la fécule avec le lait dans un bol et versez le tout dans une casserole. Faites épaissir à feu doux en remuant sans cesse au fouet pendant 5 minutes. Ajoutez la muscade, sel et poivre du moulin. Râpez le fromage et ajoutez-en la moitié dans la sauce.

4. Disposez les courgettes dans un moule à gratin légèrement huilé au pinceau, puis nappez-les de sauce. Parsemez du reste de fromage râpé. Enfournez pour 10 à 15 minutes, jusqu'à légère coloration du gratin.

POUR LES SOIRÉES D'HIVER ★★★

QUICHE *chèvre-roquette*

POUR LES **SUPER GOURMANDS** ★★★

Calories : 342
Protides : 10 g
Lipides : 18 g
Glucides : 35 g

Pour 4 personnes
Préparation : 15 minutes
Repos : 30 minutes
Cuisson : 30 minutes

Pour la pâte brisée :
70 g de margarine spécial cuisson
160 g de farine (T65) + 1 cuill. à soupe de farine pour le plan de travail
20 g de farine au lin (« Linette® »)
1 filet d'huile pour le moule
Sel

Pour la garniture :
1 grosse poignée de roquette
2 œufs
100 g de fromage de chèvre frais (type Chavroux® ou Petit Billy®)
5 cl de lait demi-écrémé
10 cl de crème légère à 15 % MG
1 cuill. à café d'herbes de Provence
30 g de pignons de pin
Sel et poivre du moulin

1. Préchauffez le four à 180 °C (th. 6).

2. Préparez la pâte brisée. Dans un saladier, mélangez les deux farines avec 1 pincée de sel. Faites un puits au centre et mettez-y la margarine. Mélangez du bout des doigts en versant peu à peu 5 cl d'eau environ et formez une boule de pâte homogène, sans trop la pétrir. Laissez-la reposer 30 minutes.

3. Pendant ce temps, écrasez dans une assiette creuse le fromage de chèvre avec un peu de sel, de poivre et les herbes de Provence. Sur une planche à découper, émincez grossièrement les feuilles de roquette au couteau. Dans un saladier, battez les œufs en omelette avec le lait et la crème, puis ajoutez la roquette et le fromage écrasé.

4. Sur le plan de travail fariné, étalez finement la pâte au rouleau. Piquez-la à la fourchette, puis retournez-la avant de la déposer dans un moule à tarte de 24 cm, préalablement huilé au pinceau. Garnissez avec la préparation précédente, puis parsemez de pignons de pin. Enfournez pour 30 minutes. Laissez tiédir avant de servir.

OMELETTE AUX CHAMPIGNONS
et au cheddar

Calories : 215
Protides : 18 g
Lipides : 15 g
Glucides : 2 g

Pour 4 personnes
Préparation : 10 minutes
Cuisson : 15 minutes

8 œufs extrafrais
40 g de cheddar coupé en lamelles
12 cl de lait demi-écrémé
1 noix de margarine spécial cuisson
300 g d'un mélange de champignons des bois surgelé (cèpes, pleurotes, lentins de chêne…)
3 cuill. à soupe de cerfeuil ciselé
1 filet d'huile
Sel et poivre du moulin

1. Huilez au pinceau une poêle antiadhésive et chauffez-la. Versez-y les champignons, salez et couvrez. Laissez cuire 5 minutes à feu doux, en remuant de temps en temps, puis enlevez le couvercle et laissez l'eau s'évaporer. Réservez dans une assiette creuse.

2. Dans une jatte, battez les œufs en omelette avec le lait, sel et poivre du moulin. Faites fondre la margarine dans la poêle, puis versez-y l'omelette. Remettez les champignons et faites cuire le tout 5 minutes. Ajoutez les lamelles de cheddar et laissez chauffer 2 minutes supplémentaires environ, jusqu'à ce que le fromage soit fondu. Parsemez de cerfeuil. Servez aussitôt.

POUR LES GRANDS DÉBUTANTS ★★★

CAKE AUX POIVRONS, *pecorino et cumin*

POUR LES SUPER GOURMANDS ★★★

Calories : 275
Protides : 11 g
Lipides : 14,5 g
Glucides : 25,5 g

Pour 8 personnes
Préparation : 20 minutes
Cuisson : 50 minutes

½ poivron rouge
½ poivron jaune
½ poivron vert
2 brins de thym effeuillés
3 œufs
10 cl de lait demi-écrémé
80 g de pecorino râpé
250 g de farine tamisée
+ 1 cuill. à soupe
pour saupoudrer
1 sachet de poudre à lever
biologique (sans phosphates)
1 cuill. à café de graines
de cumin
6 cl d'huile d'olive
1 noix de margarine
pour graisser le moule
Sel et poivre du moulin

1. Allumez le gril du four. Placez les demi-poivrons sur une grille, côté peau dessus, et glissez-les sous le gril chaud pour 15 minutes. Puis retirez-les du four et régler ce dernier sur 180 °C (th. 6).

2. Enfermez les poivrons dans un sac en plastique alimentaire et laissez-les refroidir. Puis supprimez leur peau et leurs graines avant de les couper en dés. Dans un saladier, battez les œufs avec le fromage râpé.

3. Dans une jatte, mélangez la farine avec la levure, du sel et du poivre. Ajoutez ce mélange en pluie au contenu du saladier précédent, en remuant pour homogénéiser la pâte, puis incorporez-y le lait et l'huile versés en filet. Dans une autre jatte, mélangez les dés de poivrons et le thym avec la cuillerée à soupe de farine, puis ajoutez-les à la pâte.

4. Versez la préparation précédente dans un moule à cake de 1,5 l préalablement graissé. Parsemez le dessus des graines de cumin. Enfournez pour 35 minutes environ. Vérifiez la cuisson en enfonçant une pointe de couteau au centre du cake : elle doit ressortir sèche. Servez tiède ou tout juste refroidi.

QUICHE AUX COURGETTES *sans pâte*

Calories : 249
Protides : 14 g
Lipides : 13 g
Glucides : 19 g

Pour 4 personnes
Préparation : 25 minutes
Cuisson : 40 à 45 minutes

600 g de courgettes
3 œufs
10 cl de crème fraîche à 15 % MG
40 g de parmesan râpé
80 g de semoule de blé fine
1 cuill. à café de thym séché
1 cuill. à soupe d'huile d'olive + 1 filet pour le moule
Gros sel, sel fin et poivre du moulin

POUR LES GRANDS DÉBUTANTS ★★★

1. Lavez les courgettes, ôtez-en les extrémités, puis coupez-les en dés (avec la peau). Chauffez une poêle antiadhésive avec l'huile d'olive, puis ajoutez-y les dés de courgettes, salez et poivrez. Faites-les revenir pendant 10 minutes, en remuant régulièrement et en ajoutant un peu d'eau si nécessaire.

2. Pendant ce temps, préchauffez le four à 180 °C (th. 6). Portez 80 cl d'eau salée à ébullition, puis versez-la dans un bol, sur la semoule. Mélangez avec une fourchette pour éviter aux grains de coller entre eux. Attendez que l'eau soit absorbée et la semoule cuite avant de la mélanger avec les courgettes.

3. Dans une jatte, battez les œufs avec la crème et le parmesan. Salez, poivrez, ajoutez les herbes de Provence et le basilic. Incorporez le tout à la préparation précédente.

4. Versez la préparation dans un moule à quiche légèrement huilé au pinceau. Enfournez pour 30 à 40 minutes, jusqu'à ce que le dessus soit bien doré.

LASAGNES
ricotta-épinards

Calories : 301
Protides : 16 g
Lipides : 13 g
Glucides : 30 g

Pour 4 personnes
Préparation : 15 minutes
Cuisson : 25 minutes

300 g d'épinards frais
120 g de champignons de Paris en boîte
250 g de ricotta
40 g de parmesan
400 g de pulpe de tomates en boîte
9 feuilles de lasagnes
1 cuill. à soupe d'huile d'olive
Sel et poivre du moulin

1. Préchauffez le four à 180 °C (th. 6).

2. Déposez les épinards dans une sauteuse avec un petit fond d'eau, salez et couvrez. Faites chauffer à feu moyen juste le temps de les ramollir, puis mettez-les à égoutter dans une passoire.

3. Pendant ce temps, faites cuire les feuilles de lasagnes à l'eau bouillante durant 5 minutes, de façon à les garder « al dente ». Puis égouttez-les et posez chacune des feuilles sur une grande assiette, sans les superposer.

4. Faites fondre dans une casserole la ricotta mélangée à la moitié du parmesan, puis ajoutez la pulpe de tomates ainsi que les champignons égouttés. Mélangez. Laissez cuire quelques minutes à feu doux. Ôtez du feu.

5. Dans un plat à gratin huilé au pinceau, déposez 3 feuilles de lasagnes, puis une couche d'épinards et une dernière de sauce ricotta. Renouvelez l'opération et terminez par une couche de pâtes recouverte de sauce. Parsemez du reste de parmesan et faites cuire 10 à 15 minutes au four, jusqu'à ce que les lasagnes soient gratinées. Servez chaud.

ROULÉ *de brocolis*

POUR LES TRÈS NOMBREUX ★★★

Calories : 122
Protides : 10 g
Lipides : 6 g
Glucides : 7 g

Pour 6 personnes
Préparation : 15 minutes
Cuisson : 30 minutes

600 g de fleurettes de brocolis
4 œufs
2 cuill. à soupe de yaourt nature
30 cl de bouillon de volaille
Sel et poivre du moulin

Pour la béchamel :
20 cl de lait demi-écrémé
40 g d'emmental fraîchement râpé
15 g d'arrow-root (ou de Maïzena®)
1 pincée de noix muscade râpée (facultatif)
Poivre du moulin

1. Préchauffez le four à 180 °C (th. 6). Huilez une plaque à roulés, puis tapissez-la avec une feuille de papier sulfurisé.

2. Faites cuire les brocolis dans le bouillon pendant 10 à 15 minutes, jusqu'à ce qu'ils soient tendres (une pointe de couteau doit s'y enfoncer facilement), puis égouttez-les. Séparez les blancs des jaunes d'œufs. Mixez les brocolis avec le yaourt, les jaunes d'œufs, sel et poivre du moulin.

3. Montez les blancs d'œufs en neige ferme et incorporez-les délicatement à la purée de brocolis. Versez cette préparation sur la plaque préparée et étalez-la uniformément. Enfournez pour 15 à 20 minutes, jusqu'à ce qu'elle gonfle.

4. Pendant ce temps, préparez la béchamel. Délayez l'arrow-root (ou la Maïzena®) dans un peu de lait froid. Faites chauffer le reste de lait dans une casserole. À frémissements, ajoutez la fécule délayée et remuez au fouet jusqu'à épaississement de la sauce. Poivrez, ajoutez l'emmental râpé et, si vous le souhaitez, la muscade.

5. Humidifiez un torchon propre. Sortez la plaque du four, posez le torchon dessus et retournez-la. Enlevez la plaque, puis étalez la béchamel sur la préparation cuite et enroulez le tout à l'aide du linge. Servez le roulé découpé en tranches épaisses (prévoyez-en environ 3 par personne).

COUSCOUS
de légumes

POUR LES SUPER GOURMANDS ★★★

Calories : 284
Protides : 10 g
Lipides : 8 g
Glucides : 43 g

Pour 4 personnes
Préparation : 10 minutes
Cuisson : 10 minutes

300 g de fleurettes de brocolis
150 g de dés de poivrons rouges et verts surgelés
2 courgettes
1 noix de beurre
200 g de semoule de couscous à grain moyen
3 cuill. à soupe de raisins secs blonds
2 cuill. à soupe de coriandre ciselée
2 cuill. à soupe d'huile d'olive
Sel fin et poivre du moulin

1. Mettez les raisins secs à gonfler dans un verre d'eau. Lavez les courgettes, ôtez-en les extrémités, puis coupez-les en cubes (avec la peau).

2. Chauffez l'huile dans un wok (ou une sauteuse) et faites-y revenir les courgettes et les poivrons avec 1 pincée de sel pendant 7 à 8 minutes, à feu moyen, en remuant régulièrement.

3. Pendant ce temps, faites cuire les fleurettes de brocolis dans une casserole d'eau bouillante salée pendant 6 à 7 minutes. Puis prélevez-les à l'aide d'une écumoire, pour conserver l'eau de cuisson, et ajoutez-les dans le wok. Mélangez et parsemez de la coriandre. Réservez à couvert.

4. Mettez la semoule de couscous dans un saladier et versez dessus, petit à petit, une louche d'eau de cuisson des brocolis. Ajoutez encore un peu d'eau de cuisson si besoin (les graines doivent être tendres). Laissez gonfler les graines, puis ajoutez le beurre et égrenez à la fourchette. Incorporez les raisins secs égouttés. Servez la semoule garnie des légumes.

RISOTTO
à la milanaise

POUR LES SUPER GOURMANDS ★★★

Calories : 295
Protides : 8 g
Lipides : 7 g
Glucides : 50 g

Pour 4 personnes
Préparation : 10 minutes
Cuisson : 30 minutes

2 courgettes
30 g de parmesan
250 g de riz rond
(type arborio)
1 oignon
1 l de bouillon de légumes
3 cuill. à soupe de basilic
ciselé
1 dosette de pistils de safran
5 cl de vin blanc sec
2 cuill. à soupe d'huile d'olive
Sel et poivre du moulin

1. Chauffez le bouillon dans une casserole à feu doux et maintenez-le sur le feu pendant toute la durée de la recette.

2. Pelez et hachez l'oignon. Lavez les courgettes, puis ôtez-en les extrémité et coupez-les en petits morceaux (avec la peau). Chauffez 1 cuillerée à soupe d'huile dans une poêle et faites-y revenir les courgettes 5 minutes à feu moyen. Réservez.

3. Chauffez le reste d'huile dans un wok et faites-y suer l'oignon 3 minutes. Puis ajoutez le riz et mélangez 2 minutes environ, jusqu'à ce que les grains deviennent translucides. Parsemez de safran, remuez et versez le vin blanc. Laissez-le évaporer à feu vif, puis mouillez avec 1 louchée de bouillon. Remuez le riz jusqu'à ce qu'il ait absorbé tout le liquide et continuez ainsi jusqu'à ce que le riz soit crémeux (environ 20 minutes).

4. Ajoutez le basilic et les courgettes, puis rectifiez l'assaisonnement. Mélangez et laissez cuire encore 2 minutes. Prélevez des copeaux de parmesan à l'aide d'un couteau Économe et parsemez-en le risotto. Servez aussitôt, bien chaud.

THON
aux légumes grillés

Calories : 216
Protides : 31 g
Lipides : 8 g
Glucides : 5 g

Pour 4 personnes
Préparation : 20 minutes
Cuisson : 12 minutes

4 pavés de thon blanc de 120 g chacun environ
2 épis de maïs frais sans leurs feuilles
1 poivron rouge
3 oignons nouveaux avec leurs tiges
2 citrons verts coupés en quartiers
½ bouquet de coriandre
1 cuill. à soupe de vinaigre balsamique
4 filets d'huile d'olive
Sel fin et poivre du moulin

1. Déposez les épis de maïs dans une sauteuse et versez 1 verre d'eau salée dans le fond. Couvrez et laissez cuire 12 minutes à feu moyen, en retournant les épis à mi-cuisson. Puis égouttez-les et détachez leurs grains au couteau.

2. Pendant ce temps, pelez le poivron à l'aide d'un couteau Économe, puis coupez-le en deux, épépinez-le et taillez-le en dés. Hachez les oignons. Rincez, effeuillez et ciselez la coriandre.

3. Dans un saladier, mélangez le vinaigre avec sel et poivre du moulin. Ajoutez le poivron, les oignons, le maïs et la coriandre. Mélangez bien et réservez cette salsa au réfrigérateur.

4. Faites chauffer un gril (ou le gril du four). Badigeonnez les pavés de thon d'huile sur chaque face, au pinceau, et assaisonnez-les. Faites-les cuire sur le gril chaud 3 minutes de chaque côté. Servez-les aussitôt, avec la salsa et les quartiers de citron vert.

POUR LES DÎNERS D'ÉTÉ ★★★

BLANQUETTE
aux trois poissons

Calories : 190
Protides : 27 g
Lipides : 6 g
Glucides : 7 g

Pour 4 personnes
Préparation : 10 minutes
Cuisson : 10 à 15 minutes

500 g d'un assortiment de trois poissons (saumon, lieu noir et cabillaud) surgelés (Picard®, par exemple)
350 g de petits champignons (boutons) de Paris
25 cl de lait demi-écrémé
1 noix de margarine spécial cuisson
20 oignons grelots
1 cuill. à café de fumet de poisson en poudre (ou 1 sachet d'infusion coquillages Ariaké®)
2 cuill. à soupe d'herbes pour poisson surgelées (Picard®, par exemple)
1 cuill. à soupe de fécule (Maïzena® ou arrow-root)
Sel et poivre du moulin

1. Pelez les oignons et grattez les champignons. Chauffez la margarine dans une cocotte à fond épais. Faites-y revenir les oignons avec 1 pincée de sel pendant 2 minutes, en remuant. Ajoutez les champignons et les morceaux de poisson, puis parsemez avec 1 cuillerée à soupe d'herbes. Salez et poivrez.

2. Délayez le fumet dans le lait et versez le tout dans la cocotte. Couvrez et faites cuire 5 à 7 minutes à feu doux, en surveillant (le lait ne doit pas bouillir).

3. Délayez la fécule dans un peu d'eau et ajoutez-la. Mélangez jusqu'à épaississement, puis incorporez le reste d'herbes. Rectifiez l'assaisonnement et servez.

POUR LES SOIRÉES D'HIVER

ROUGETS FARCIS
à la tomate

Calories : 279
Protides : 26 g
Lipides : 15 g
Glucides : 10 g

Pour 4 personnes
Préparation : 20 minutes
Cuisson : 20 minutes

4 rougets de taille moyenne vidés par le poissonnier
4 tomates
250 g de tomates cerises
1 cuill. à soupe de tapenade (en bocal)
1 cuill. à café de concentré de tomates
3 oignons
1 gousse d'ail
1 cuill. à soupe de persil plat haché
2 cuill. à soupe d'huile d'olive
1 cuill. à soupe de poudre d'amande
Sel et poivre du moulin

1. Préchauffez le four à 180 °C (th. 6).

2. Lavez et essuyez les tomates, puis coupez-les en fines rondelles. Graissez un plat à four avec 1 cuillerée à soupe d'huile, puis étalez les rondelles de tomates dans le fond du plat.

3. Dans une jatte, mélangez le persil, l'ail haché, la poudre d'amandes, la tapenade et le concentré de tomates. Salez et poivrez. Farcissez les rougets de cette préparation. Puis disposez-les dans le plat, sur le lit de tomates, et arrosez-les du reste d'huile et de 4 cuillerées à soupe d'eau. Salez et poivrez.

4. Pelez et émincez les oignons. Rincez et essuyez les tomates cerises. Répartissez le tout sur les rougets farcis. Enfournez pour 20 minutes, en arrosant une ou deux fois les poissons en cours de cuisson. Servez dès la sortie du four.

POUR LES
DÎNERS
D'ÉTÉ
★★★

QUINOA SUCRÉ *aux deux raisins*

Calories : 140
Protides : 4 g
Lipides : 0 g
Glucides : 31 g

Pour 6 personnes
Préparation : 15 minutes
Cuisson : 50 minutes
Réfrigération : 1 heure

200 g de petits grains de raisin noir
Le jus de 1 citron
2 brins de menthe
130 g de quinoa
1 cuill. à soupe de raisins secs
1 sachet de sucre vanillé

1. Mettez le quinoa dans une casserole et ajoutez 2 fois son volume d'eau, sans saler. Portez à ébullition, puis couvrez et laissez cuire 15 minutes. Pendant ce temps, faites tremper les raisins secs dans un verre rempli d'eau. Lavez, effeuillez et ciselez la menthe (réservez-en une sommité pour la décoration).

2. Versez le quinoa cuit dans un saladier. Ajoutez le sucre vanillé et le jus de citron. Mélangez à la fourchette, puis ajoutez les raisins secs préalablement égouttés et la menthe ciselée. Mélangez bien. Incorporez enfin les grains de raisin, en mélangeant délicatement.

3. Couvrez le saladier de film alimentaire et réservez 1 heure au réfrigérateur avant de servir, décoré de la sommité de menthe.

CAKE THON-OLIVES-ARTICHAUT

Calories : 261
Protides : 14 g
Lipides : 13 g
Glucides : 22 g

Pour 8 personnes
Préparation : 20 minutes
Cuisson : 40 minutes

6 cœurs d'artichauts au naturel
1 cuill. à soupe de thym séché
3 œufs
10 cl de lait demi-écrémé
50 g d'emmental râpé
50 g d'olives noires
185 g de thon au naturel
220 g de farine de blé tamisée
20 g de farine de lin
1 sachet de poudre à lever bio
6 cl d'huile d'olive
1 noix de margarine
Sel et poivre du moulin

1. Préchauffez le four à 180 °C (th. 6).

2. Dans un saladier, mélangez les deux farines avec la levure, du sel et du poivre. Cassez les œufs au milieu et mélangez à l'aide d'une spatule en bois. Ajoutez le fromage râpé ainsi que le lait et l'huile. Mélangez. Ajoutez le thon émietté égoutté, les olives, le thym et les cœurs d'artichauts coupés en deux. Mélangez bien.

3. Versez la préparation dans un moule à cake de 1,5 l préalablement graissé. Enfournez pour 40 minutes environ. Vérifiez la cuisson en enfonçant une pointe de couteau au centre du cake : elle doit ressortir sèche. Servez tiède ou tout juste refroidi.

CABILLAUD
aux herbes

Calories : 166
Protides : 25 g
Lipides : 6 g
Glucides : 3 g

Pour 4 personnes
Préparation : 5 minutes
Cuisson : 20 minutes

1 dos de cabillaud de 600 g, avec la peau
4 belles petites tomates (cocktail) bien mûres
1 gros oignon pelé et émincé (ou 2 cuill. à soupe d'oignons surgelés émincés)
2 gousses d'ail
Quelques brins de thym frais et 1 branche de romarin
5 cl de vin blanc sec
2 cuill. à soupe d'huile d'olive

1. Préchauffez le four à 180 °C (th. 6).

2. Lavez les tomates.

3. Badigeonnez le poisson d'huile au pinceau. Disposez-le, côté peau dessous, dans un plat à four légèrement huilé. Salez et poivrez, puis parsemez de l'oignon et de l'ail. Disposez les herbes autour du poisson. Versez enfin le vin blanc et 5 cl d'eau. Faites cuire au four environ 20 minutes (plus ou moins selon l'épaisseur du cabillaud). À mi-cuisson, retournez le poisson, arrosez-le de jus, puis ajoutez les tomates entières.

4. Pour servir, retirez la peau du poisson et accompagnez-le de la garniture.

SARDINES GRILLÉES FARCIES
au caviar d'aubergines

Calories : 285
Protides : 27 g
Lipides : 17 g
Glucides : 6 g

Pour 4 personnes
Préparation : 20 minutes
Cuisson : 20 minutes

12 petites sardines écaillées et vidées
Sel et poivre du moulin

Pour la farce :
1 tomate moyenne
1 citron
½ gousse d'ail
4 brins de coriandre hachés
2 brins de romarin
1 cuill. à soupe d'huile d'olive

Pour le caviar d'aubergines à la purée de sésame :
2 aubergines
1 cuill. à soupe de purée de sésame (ou « tahin ») facultatif
1 cuill. à café de gomasio (ou sel)
1 cuill. à soupe de coriandre fraîche ciselée
Quelques gouttes d'huile de sésame (grillée de préférence, Vigean®)
Poivre du moulin

1. Préchauffez le four à 200 °C (th. 6-7).

2. Préparez la farce. Coupez le citron en quatre et hachez sa chair en veillant à retirer les pépins. Lavez la tomate et coupez-la en petits dés. Dans une jatte, mélangez la chair de citron hachée, les dés de tomate, le romarin effeuillé, l'ail haché, l'huile d'olive et la coriandre. Salez et poivrez, puis réservez.

3. Préparez le caviar d'aubergines. Lavez et essuyez les aubergines. Enfournez-les entières à mi-hauteur et laissez cuire environ 20 minutes. Sortez-les du four, laissez-les tiédir puis coupez-les dans le sens de la longueur. Prélevez leur chair à l'aide d'une cuillerée et mixez-la avec les autres ingrédients. Rectifiez l'assaisonnement et agrémentez de coriandre ciselée et d'huile de sésame. Mélangez et réservez au frais dans un bol.

4. Ouvrez les sardines en deux et tartinez-en l'intérieur avec une partie de la farce. Refermez-les et disposez-les dans un plat à four. Faites cuire 8 à 10 minutes. Servez 3 sardines par personne, accompagnées du reste de farce et d'une quenelle de caviar d'aubergines bien frais.

POUR LES DÎNERS D'ÉTÉ ★★★

TARTARE
aux deux saumons

POUR LES
REPAS FESTIFS
★★★

Calories : 183
Protides : 20 g
Lipides : 11 g
Glucides : 1 g

Pour 4 personnes
Préparation : 10 minutes
Réfrigération : 14 heures

300 g de filet de saumon frais, sans la peau
60 g de saumon fumé
120 g de petits-suisses à 40 % MG
1 citron vert non traité
1 citron jaune non traité
1 cuill. à soupe d'aneth ciselé
Sel et poivre du moulin

1. Retirez les éventuelles arêtes du saumon frais à l'aide d'une pince à épiler. Puis coupez-le en petits dés, ainsi que le saumon fumé. Déposez-les dans un saladier.

2. Lavez et essuyez les deux citrons, puis râpez leurs zestes au-dessus d'un bol et réservez-les au frais. Pressez les agrumes pour recueillir leur jus et, dans un autre bol, mélangez-le avec l'aneth, sel et poivre du moulin. Versez le tout sur le saumon, couvrez de film alimentaire et laissez mariner 2 heures au réfrigérateur.

3. Égouttez les petits-suisses et incorporez-les délicatement à la préparation au saumon. Répartissez le tartare obtenu dans 4 ramequins, filmez et réservez 12 heures au réfrigérateur.

4. Le lendemain, retournez chaque tartare sur une petite assiette et parsemez des zestes réservés. Servez sans attendre, bien frais.

CRUMBLE DE LIEU,
champignons et carottes

Calories : 392
Protides : 28 g
Lipides : 20 g
Glucides : 25 g

Pour 4 personnes
Préparation : 20 minutes
Cuisson : 30 minutes

400 g de lieu noir coupé en gros cubes
350 g de champignons de Paris
2 carottes
Le jus de ½ orange
15 cl de crème fraîche à 15 % MG (ou crème soja)
3 cuill. à soupe de coriandre ciselée
1 cuill. à soupe d'huile d'olive + 1 filet pour le plat
Sel et poivre du moulin

Pour la pâte à crumble :
100 g de farine de blé (T80 ou Kamut®)
50 g de flocons de sarrasin (dans les magasins Bio®)
60 g de margarine spécial cuisson
Sel

1. Préchauffez le four à 180 °C (th. 6).

2. Grattez les champignons et coupez-les en gros morceaux. Pelez et lavez les carottes, puis coupez-les en julienne (à l'aide d'une mandoline si possible).

3. Chauffez l'huile dans une poêle et faites-y revenir les champignons et les carottes avec 1 pincée de sel pendant 5 à 6 minutes, en remuant régulièrement. Poivrez, versez le jus d'orange et laissez réduire, puis ajoutez la crème et les cubes de poisson. Parsemez de coriandre. Mélangez 2 minutes sur le feu et versez dans un plat à gratin huilé.

4. Préparez la pâte à crumble : dans un saladier, mélangez tous les ingrédients du bout des doigts, jusqu'à l'obtention d'une consistance granuleuse.

5. Recouvrez-en la préparation et enfournez pour 20 minutes environ, jusqu'à ce que la pâte prenne une couleur noisette. Servez bien chaud.

POUR LES SOIRÉES D'HIVER ★★★

QUICHE
thon-tomate

Calories : 385
Protides : 19 g
Lipides : 17 g
Glucides : 39 g

Pour 4 personnes
Préparation : 15 minutes
Cuisson : 30 minutes

Pour la pâte brisée :
70 g de margarine spécial cuisson
160 g de farine + 1 cuill. à soupe pour le plan de travail
20 g de farine de lin
1 filet d'huile pour le moule
1 pincée de sel

Pour la garniture :
2 tomates fraîches
10 cl de crème liquide à 15% MG
200 g de thon en boîte au naturel
400 g de pulpe de tomates en boîte
1 oignon
1 gousse d'ail
1 cuill. à café d'herbes de Provence
½ cuill. à café de curcuma en poudre (ou curry)
1 pincée de sucre en poudre
1 cuill. à soupe d'huile d'olive
Sel et poivre du moulin

1. Préchauffez le four à 180 °C (th. 6).

2. Préparez la pâte brisée. Dans un saladier, mélangez les deux farines avec 1 pincée de sel. Faites un puits au centre et mettez-y la margarine. Mélangez du bout des doigts en versant peu à peu 5 cl d'eau environ et formez une boule de pâte homogène, sans trop la pétrir. Laissez-la reposer.

3. Pendant ce temps, préparez la garniture. Épluchez l'oignon et émincez-le finement. Pressez l'ail. Chauffez l'huile d'olive dans une poêle antiadhésive et faites-y revenir l'ail et l'oignon avec un peu de sel, 3 minutes environ. Ajoutez la pulpe de tomates, les herbes de Provence et le sucre. Couvrez et laissez mijoter 10 minutes. Ôtez le couvercle, salez, poivrez et laissez la sauce réduire quelques minutes.

4. Ajoutez la crème et le curcuma. Égouttez le thon, puis émiettez-le au-dessus de la poêle et mélangez.

5. Sur le plan de travail fariné, étalez finement la pâte au rouleau. Piquez-la à la fourchette, puis retournez-la avant de la déposer dans un moule à tarte de 24 cm, préalablement huilé au pinceau. Garnissez avec la préparation précédente.

6. Lavez et essuyez les tomates, puis coupez-les en rondelles. Répartissez-les sur la quiche. Enfournez pour 30 minutes. Servez tiède.

RISOTTO
aux moules

POUR LES SOIRÉES D'HIVER ★★★

Calories : 347
Protides : 19 g
Lipides : 7 g
Glucides : 52 g

Pour 4 personnes
Préparation : 10 minutes
Cuisson : 25 minutes

1,5 kg de moules
250 g de riz rond
1 oignon pelé et émincé
1 cube de bouillon de légumes
2 cuill. à café de persil
½ verre de vin blanc sec
2 cuill. à soupe d'huile d'olive
Sel et poivre du moulin

1. Nettoyez soigneusement les moules et rincez-les.

2. Faites chauffer 50 cl d'eau avec le cube de bouillon dans une casserole, à feu doux, et maintenez le bouillon obtenu sur le feu pendant toute la recette.

3. Chauffez 1 cuillerée à soupe d'huile dans un wok et faites-y suer l'oignon avec 1 pincée de sel pendant 3 minutes. Mouillez avec le vin, puis ajoutez les moules. Remuez, couvrez et laissez cuire 3 minutes environ, jusqu'à ce que les moules se soient ouvertes. Réservez-les, avec leur jus de cuisson, dans un plat creux.

4. Versez le riz dans le wok, avec le reste d'huile, et remuez à l'aide d'une spatule en bois jusqu'à ce qu'il devienne translucide. Mouillez avec 1 louche du jus des moules. Remuez le riz jusqu'à ce qu'il ait absorbé tout le liquide, puis recommencez avec le bouillon de légumes et ainsi de suite jusqu'à ce que le riz soit crémeux soit environ 20 minutes. Couvrez à chaque fois, le temps d'absorber le liquide.

5. Réservez 12 moules dans leur coquille et décoquillez les autres. Ajoutez-les dans le risotto, avec le persil. Mélangez et rectifiez l'assaisonnement. Disposez les moules réservées dessus, couvrez et laissez cuire encore 2 minutes. Servez le risotto chaud, avec 3 moules dans leur coquille par assiette.

POISSON
à l'ananas

Calories : 168
Protides : 25 g
Lipides : 4 g
Glucides : 8 g

Pour 4 personnes
Préparation : 25 minutes
Cuisson : 10 minutes

500 g de poisson blanc
½ gros ananas ou 1 petit ananas Victoria
1 blanc d'œuf
Le jus de 1 citron vert
250 g de châtaignes d'eau en boîte (au rayon des produits exotiques ou dans les épiceries asiatiques)
1 gros oignon
2 cuill. à soupe de coriandre ciselée
1 cuill. à soupe de curry en poudre
1 cuill. à soupe de fécule (Maïzena® ou arrow-root)
1 cuill. à soupe de vin blanc sec
1 cuill. à soupe d'huile d'arachide
Sel et poivre du moulin

1. Coupez le poisson en cubes de 2 cm de côté environ. Mélangez dans un bol le blanc d'œuf, la fécule, le vin, sel et poivre du moulin. Versez le tout dans un plat creux et ajoutez-y les cubes de poisson. Mélangez de manière à bien les enrober.

2. Pelez l'ananas et coupez-le en cubes, puis recueillez le jus écoulé dans un bol. Ajoutez-y le jus de citron vert et mélangez.

3. Pelez et émincez l'oignon. Chauffez l'huile dans un wok et faites-y revenir l'oignon avec 1 pincée de sel pendant 3 à 4 minutes, à feu moyen. Saupoudrez de curry, mélangez, puis ajoutez les morceaux de poisson et faites cuire 2 minutes de tous côtés. Ajoutez les cubes d'ananas, les châtaignes d'eau égouttées et le jus contenu dans le bol. Poursuivez la cuisson 2 minutes sans cesser de remuer. Servez aussitôt, parsemé de coriandre.

POUR LES SUPER GOURMANDS ★★★

MERLU SAUCE SÉSAME, *purée de lentilles corail*

POUR LES REPAS FESTIFS ★★★

Calories : 447
Protides : 39 g
Lipides : 15 g
Glucides : 39 g

Pour 4 personnes
Préparation : 10 minutes
Cuisson : 35 minutes

4 tranches de merlu blanc
2 carottes
250 g de lentilles corail (au rayon Bio)
15 cl de lait de coco
1 oignon
½ cube de bouillon de volaille
1 pincée de curry en poudre
1 cuill. à soupe d'huile d'olive + 1 filet pour le plat
Sel et poivre du moulin

Pour la sauce :
2 cuill. à soupe de coriandre ciselée
1 cuill. à soupe de gomasio
1 cuill. à café de paillettes d'algues (« mélange du pêcheur », au rayon bio)
2 cuill. à soupe d'huile de sésame

1. Rincez les lentilles dans une passoire et laissez-les égoutter. Pelez et lavez les carottes, puis coupez-les en rondelles. Épluchez et émincez l'oignon.

2. Chauffez l'huile d'olive dans une sauteuse antiadhésive et faites-y revenir l'oignon 2 à 3 minutes, en remuant. Saupoudrez de curry et versez les lentilles. Mélangez 3 minutes environ à l'aide d'une spatule en bois, puis couvrez d'eau à hauteur des lentilles et ajoutez le cube de bouillon émietté. Portez à ébullition, baissez le feu et ajoutez les carottes ainsi que le lait de coco. Salez et mélangez. Laissez cuire à couvert 15 à 20 minutes, les lentilles doivent s'écraser. Vérifiez le niveau d'eau et ajoutez-en un peu si besoin, de façon à obtenir une purée ni trop épaisse ni trop liquide.

3. Préchauffez le four à 180 °C (th. 6). Disposez les tranches de merlu dans un plat à four légèrement huilé.

4. Préparez la sauce en en mélangeant tous les ingrédients dans un bol. Nappez-en le poisson et enfournez pour 10 minutes environ.

5. Mixez les lentilles en purée, puis salez et poivrez. Servez les tranches de merlu dès la sortie du four, avec la purée de lentilles.

HAMBURGERS
de poisson

Calories : 346
Protides : 28 g
Lipides : 6 g
Glucides : 45 g

Pour 4 personnes
Préparation : 20 minutes
Cuisson : 10 minutes

4 pains à hamburger complets au sésame
4 filets de poisson blanc sans la peau de 100 g chacun
2 tomates coupées en rondelles fines
4 feuilles de laitue
30 g de parmesan râpé
2 blancs d'œufs
55 g de chapelure
1 cuill. à café d'herbes de Provence
1 cuill. à café d'aneth ciselé
4 cuill. à soupe de ketchup maison (voir p. 68)
Sel

1. Dans un plat creux, mélangez la chapelure avec le parmesan et les herbes. Dans une jatte, fouettez les blancs d'œufs à la fourchette en neige molle avec une pincée de sel.

2. Passez les filets de poisson dans les blancs, puis dans la chapelure au parmesan pour les paner régulièrement de tous côtés. Faites-les cuire 10 minutes à la plancha : les filets doivent être cuits à cœur et dorés des deux côtés.

3. Transférez-les sur une grande assiette et, à leur place, faites chauffer les pains coupés en deux, côté mie sur la plaque.

4. Quand ils sont chauds, déposez 1 feuille de laitue sur la partie inférieure des pains, puis ajoutez 1 filet de poisson pané, quelques rondelles de tomates et 1 cuillerée à soupe de ketchup. Couvrez avec la partie supérieure des pains et servez.

POUR LES
ENFANTS
SAGES
★★★

GRILLADE DE PORC *aux figues*

Calories : 132
Protides : 16 g
Lipides : 4 g
Glucides : 8 g

Pour 4 personnes
Préparation : 15 minutes
Cuisson : 15 minutes

2 petites grillades de porc
4 figues fraîches
1 noix de margarine spécial cuisson
1 cuill. à soupe de basilic ciselé
12 cl de bouillon de bœuf
1 cuill. à soupe de sucre blond de canne
3 cuill. à soupe de vinaigre balsamique
2 cuill. à soupe d'huile d'olive

1. Émincez les grillades de porc en lanières et déposez-les dans un plat creux. Ajoutez l'huile et le basilic, puis mélangez afin de bien les enrober. Chauffez un wok (ou une sauteuse) à sec et faites-y cuire le porc 5 minutes à feu moyen, en remuant souvent à l'aide d'une cuillerée en bois. Réservez au chaud.

2. Faites fondre la margarine dans la poêle. Ajoutez les figues coupées en quatre et laissez-les dorer 2 minutes à feu moyen. Réservez-les dans le plat avec la viande.

3. Versez le vinaigre, le bouillon et le sucre. Portez à ébullition et laissez frémir 4 minutes environ, jusqu'à ce que la sauce épaississe. Remettez la viande et les figues, réchauffez 2 minutes et servez, avec une écrasée de pommes de terre au basilic, par exemple.

POUR LES REPAS FESTIFS ★★★

GALETTES DE SARRASIN
à la basquaise

POUR LES SUPER GOURMANDS ★★★

Calories : 210
Protides : 10 g
Lipides : 10 g
Glucides : 20 g

Pour 4 personnes
Préparation : 20 minutes
Repos : 30 minutes
Cuisson : 25 minutes

Pour la pâte à crêpes :
1 œuf
15 cl de lait demi-écrémé
65 g de farine de blé noir
1 cuill. à café d'huile
+ 4 filets pour la poêle
Sel

Pour la garniture :
2 tranches de jambon cru
4 œufs
1 poivron rouge
1 poivron vert
200 g de pulpe de tomates en boîte
1 cuill. à soupe de basilic ciselé
1 cuill. à soupe d'huile d'olive
Sel et piment d'Espelette

1. Préparez la pâte à crêpes : mélangez la farine avec 1 pincée de sel dans un saladier. Cassez l'œuf au milieu et délayez en versant le lait, puis l'huile. Laissez reposer la pâte 30 minutes.

2. Pendant ce temps, préparez la garniture : lavez les poivrons, puis pelez-les, coupez-les en deux et épépinez-les. Découpez-les en lanières. Chauffez l'huile dans une sauteuse et faites-y revenir les poivrons avec 1 pincée de sel pendant 5 minutes, en remuant régulièrement. Versez la pulpe de tomates, ajoutez un peu de sel et de piment, puis mélangez. Couvrez et laissez mijoter 10 minutes à feu doux, en découvrant en fin de cuisson pour permettre au jus de réduire. Incorporez le basilic et retirez du feu.

3. Dégraissez les tranches de jambon, puis coupez-les en deux.

4. Faites cuire les crêpes sans laisser colorer dans une poêle huilée, en les retournant à mi-cuisson. Déposez alors un peu de préparation aux poivrons, ajoutez ½ tranche de jambon, puis versez 1 œuf préalablement cassé dans un bol. Quand le blanc d'œuf devient opaque, salez et ajoutez une pincée de piment, puis repliez les bords de la galette en laissant l'œuf apparent. Servez aussitôt.

ROULADES DE VEAU
aux aubergines et à la mozzarella

Calories : 226
Protides : 32 g
Lipides : 10 g
Glucides : 2 g

Pour 4 personnes
Préparation : 15 minutes
Cuisson : 15 minutes

4 escalopes de veau très fines
80 g de mozzarella de bufflonne
4 tranches d'aubergines grillées surgelées (préalablement décongelées au réfrigérateur)
4 cuill. à café de tomates séchées hachées (Jean Hervé®, par exemple)
4 pincées d'herbes de Provence (ou de thym ou de romarin)
1 filet d'huile d'olive pour le plat
Poivre

1. Préchauffez le four à 180 °C (th. 6). Coupez la mozzarella en 4 lamelles.

2. Sur une planche à découper, étalez une escalope et disposez-y 1 tranche d'aubergine. Nappez le tout avec 1 cuillerée à café de tomates séchées égouttées, puis déposez 1 lamelle de mozzarella. Poivrez et roulez l'escalope sur elle-même (fixez-la avec une pique en bois si nécessaire). Poivrez de nouveau la roulade obtenue et parsemez-la de 1 pincée d'herbes. Procédez de même pour les autres escalopes.

3. Disposez les roulades au fur et à mesure dans un plat à four, légèrement huilé au pinceau et enfournez pour 15 minutes.

POUR LES
REPAS
FESTIFS
★★★

TAJINE DE POULET AUX PRUNEAUX

Calories : 385
Protides : 30 g
Lipides : 17 g
Glucides : 28 g

Pour 4 personnes
Préparation : 15 minutes
Cuisson : 40 minutes

2 belles cuisses de poulet coupées en deux
500 g de petites pommes de terre (type roseval)
12 pruneaux
1 noix de margarine spécial cuisson
1 oignon pelé et émincé
1 cube de bouillon de volaille dégraissé
2 bâtons de cannelle
1 cuill. à soupe d'huile d'olive
Sel et poivre du moulin

1. Pelez et lavez les pommes de terre, puis essuyez-les. Coupez-les en quatre.

2. Chauffez l'huile et la margarine dans une cocotte en fonte, à feu moyen. Ajoutez les morceaux de poulet, l'oignon et la cannelle. Salez et poivrez, puis faites dorer de tous côtés, en remuant.

3. Baissez le feu et ajoutez les pruneaux, les pommes de terre et le cube de bouillon de volaille. Versez de l'eau à hauteur. Couvrez et laissez mijoter 30 minutes environ, en remuant de temps en temps. Ôtez le couvercle et laissez réduire le bouillon 5 minutes environ. Servez chaud.

FILETS DE CANARD
à l'orange

POUR LES
REPAS FESTIFS
★★★

Calories : 166
Protides : 21 g
Lipides : 6 g
Glucides : 7 g

Pour 4 personnes
Préparation : 15 minutes
Cuisson : 15 minutes

2 beaux filets de canard
2 oranges non traitées
1 cuill. à soupe de sucre en poudre
1 cuill. à soupe de vinaigre blanc
Sel et poivre du moulin

1. Préchauffez le four à 180 °C (th. 6).

2. Retirez le gras des filets au couteau de manière à ne conserver qu'une fine couche de graisse. Faites des incisions sur cette partie grasse. Salez et poivrez côté chair, puis posez les filets côté gras dans un plat à four creux.

3. Lavez les oranges, râpez leur zeste, puis pressez-les pour recueillir leur jus. Dans une petite casserole, versez le sucre, le jus des oranges et le vinaigre. Remuez et laissez réduire de moitié à feu moyen. Poivrez et ajoutez les zestes. Versez le tout sur les filets de canard et enfournez pour 10 minutes, en arrosant à mi-cuisson. Servez les filets en tranches, nappés de sauce.

BOULETTES DE PORC
aux pignons, coulis de tomates

Calories : 190
Protides : 19 g
Lipides : 10 g
Glucides : 6 g

Pour 4 personnes
Préparation : 15 minutes
Cuisson : 20 minutes

300 g de porc haché (filet)
1 œuf
2 cuill. à soupe de farine
1 cuill. à soupe de menthe ciselée
1 cuill. à soupe de coriandre ciselée
2 pincées de piment (d'Espelette ou de Cayenne)
25 g de pignons de pin
1 cuill. à soupe d'huile d'olive
Sel

Pour le coulis de tomates :
200 g de pulpe de tomates en conserve
½ oignon
1 cuill. à café de menthe ciselée
1 cuill. à café de coriandre ciselée
1 pincée de sucre en poudre
1 cuill. à café d'huile
Sel

1. Préparez le coulis de tomates. Pelez et émincez le demi-oignon. Chauffez l'huile dans une casserole et faites-le revenir avec 1 pincée de sel, sans le laisser colorer. Ajoutez la pulpe de tomates, le sucre et couvrez. Laissez mijoter à feu doux pendant 10 minutes, puis laissez cuire 2 minutes à découvert. Ajoutez les herbes en fin de cuisson.

2. Pendant ce temps, dans une terrine, mélangez la viande avec l'œuf, les herbes, les pignons, le piment et du sel. Formez des boulettes de la taille d'une noix avec la préparation. Versez la farine dans une assiette creuse, puis roulez les boulettes dedans. Chauffez l'huile dans une grande poêle antiadhésive, à feu moyen. Faites-y cuire les boulettes 5 minutes environ, en les faisant rouler dans la poêle. Ajoutez le coulis, mélangez et servez aussitôt.

POUR LES ENFANTS SAGES ★★★

HACHIS PARMENTIER
de dinde

POUR LES SUPER GOURMANDS ★★★

Calories : 398
Protides : 38 g
Lipides : 10 g
Glucides : 39 g

Pour 4 personnes
Préparation : 30 minutes
Cuisson : 35 minutes

500 g de blancs de dinde
900 g de pommes de terre à chair farineuse (bintje)
1 carotte taillée en petits dés
1 branche de céleri finement émincée
15 cl de lait demi-écrémé
40 g d'emmental fraîchement râpé
1 oignon émincé
1 cube de bouillon de volaille
2 cuill. à soupe d'huile d'olive
Sel et poivre du moulin

1. Pelez les pommes de terre, puis lavez-les et coupez-les en quatre. Déposez-les dans un faitout, ajoutez le cube de bouillon, couvrez d'eau froide et portez à frémissements. Laissez cuire 15 minutes à feu moyen.

2. Pendant ce temps, émincez les blancs de dinde. Chauffez l'huile dans une sauteuse et faites-y dorer les blancs 2 minutes à feu vif. Ajoutez l'oignon, la carotte et le céleri. Poursuivez la cuisson 3 minutes en remuant. Prélevez 15 cl du bouillon de cuisson des pommes de terre et versez-le sur les légumes, puis baissez le feu. Laissez mijoter 15 minutes.

3. Préchauffez le four à 180 °C (th. 6). Égouttez les pommes de terre, puis passez-les au presse-purée. Faites chauffer le lait et incorporez-le bouillant à la purée. Salez et poivrez.

4. Répartissez le contenu de la sauteuse dans 4 plats à gratin individuels, puis nappez de purée de pommes de terre. Lissez avec le dos d'une cuillerée. Parsemez d'emmental râpé. Enfournez pour 20 minutes.

RIZ SAUTÉ AUX ASPERGES, *poulet et amandes*

Calories : 336
Protides : 23 g
Lipides : 8 g
Glucides : 43 g

Pour 4 personnes
Préparation : 10 minutes
Cuisson : 30 minutes

300 g d'escalopes de poulet
200 g de riz long grain
1 bocal de pointes d'asperges vertes
1 oignon rouge finement émincé
1 cuill. à soupe de farine (T65)
60 cl de bouillon de légumes
1 cuill. à soupe de persil plat
1 cuill. à soupe d'huile d'olive
½ cuill. à café de cannelle en poudre
30 g d'amandes effilées
Sel

1. Égouttez les asperges. Émincez le poulet en lanières, puis salez-les et saupoudrez-les de farine. Dans un wok ou une sauteuse à fond épais, chauffez 1 cuillerée à soupe d'huile à feu moyen et faites-y dorer les lanières de poulet 5 minutes environ. Réservez-les dans un plat creux.

2. Chauffez le reste d'huile dans la sauteuse et faites-y revenir l'oignon 3 minutes, en remuant. Ajoutez la cannelle et mélangez pour bien imprégner l'oignon, puis versez le riz. Remuez 1 minute avant de mouiller avec le bouillon. Portez à ébullition. Baissez le feu, couvrez et laissez frémir 20 minutes, en mélangeant de temps en temps.

3. Pendant ce temps, poêlez les amandes à sec jusqu'à coloration.

4. Ajoutez le poulet, les pointes d'asperges et le persil au riz. Mélangez et servez chaud, avec les amandes grillées.

POUR LES SUPER GOURMANDS ★★★

STEAKS
aux trois poivrons

Calories : 294
Protides : 29 g
Lipides : 18 g
Glucides : 4 g

Pour 4 personnes
Préparation : 10 minutes
Cuisson : 10 minutes

4 steaks (bavette d'aloyau ou hampe) de 120 g chacun environ
300 g de poivrons jaunes, verts et rouges surgelés en lanières
1 cuill. à café de thym séché
1 cuill. à café d'origan séché
1 cuill. à café de paprika doux en poudre
2 cuill. à café d'huile d'olive
Sel et poivre du moulin

1. Dans un bol, mélangez le thym, l'origan, le paprika, sel et poivre du moulin. Parsemez les steaks de ce mélange des deux côtés, en appuyant du bout des doigts pour bien le faire adhérer.

2. Chauffez 1 cuillerée à café d'huile dans une poêle antiadhésive. Faites-y revenir les poivrons avec 1 pincée de sel pendant 5 minutes, à feu moyen, sans cesser de remuer avec une spatule en bois. Couvrez et baissez le feu. Laissez cuire 10 minutes environ et réservez au chaud.

3. Pendant ce temps, badigeonnez un gril avec le reste d'huile, au pinceau. Faites-le chauffer sur feu vif et saisissez-y les steaks assaisonnés 1 minute de chaque côté.

4. Baissez sur feu moyen et laissez cuire de 2 à 4 minutes de chaque côté, suivant le degré de cuisson désiré. Servez les steaks avec les poivrons.

POUR LES GRANDS DÉBUTANTS ★★★

FAJITAS DE POULET
aux poivrons grillés

Calories : 435
Protides : 34 g
Lipides : 11 g
Glucides : 50 g

Pour 4 personnes
Préparation : 15 minutes
Cuisson : 10 minutes

2 blancs de poulet de 200 g environ chacun
1 avocat
8 feuilles de laitue coupées en lanières
6 demi-poivrons grillés surgelés
2 cuill. à soupe de jus de citron vert
4 cuill. à soupe de fromage blanc à 20 % MG
8 tortillas de maïs (ou blé)
2 cuill. à soupe de coriandre ciselée
2 ou 3 pincées de piment d'Espelette
1 cuill. à soupe d'huile d'olive
Sel

1. Coupez l'avocat en deux, dénoyautez-le et prélevez sa chair à la cuillerée. Mettez-la dans un bol et ajoutez le jus de citron vert, la coriandre, le piment et 1 pincée de sel. Mixez le tout au mixeur plongeant, puis réservez.

2. Coupez les blancs de poulet en lanières, ainsi que les poivrons. Chauffez l'huile dans une poêle et faites-y cuire le poulet et les poivrons avec 1 pincée de sel 10 minutes environ, jusqu'à légère coloration.

3. Réchauffez les tortillas au four, puis garnissez-les de poulet aux poivrons, de préparation à l'avocat, de laitue et de fromage blanc.

POUR LES GRANDS DÉBUTANTS ★★★

PETITS GRATINS DE POULET
à la courge

Calories : 363
Protides : 40 g
Lipides : 7 g
Glucides : 35 g

Pour 4 personnes
Préparation : 20 minutes
Cuisson : 45 minutes

4 blancs de poulet
700 g de pommes de terre à chair ferme (type Charlotte)
500 g de courge Butternut
2 blancs de poireaux
1 petite pomme acidulée (type Antarès, Boskoop)
30 cl de lait demi-écrémé
40 g de comté fraîchement râpé
1 cuill. à soupe de cerfeuil ciselé
1 cube de bouillon de volaille
15 cl de cidre brut
Sel et poivre du moulin

1. Pelez et épépinez la courge, puis coupez-la en dés et mettez-les dans un faitout. Pelez et lavez les pommes de terre, puis coupez-les également en dés et ajoutez-les à la courge. Versez le lait, salez et portez à ébullition. Puis baissez le feu, couvrez et laissez cuire 20 minutes, en remuant régulièrement.

2. Pendant ce temps, coupez les blancs de poulet en cubes de 2 cm. Pelez la pomme, puis épépinez-la et coupez-la en dés. Émincez les blancs de poireaux et rincez-les soigneusement. Mettez tous ces ingrédients dans une casserole, puis ajoutez le cidre et le cube de bouillon émietté. Salez légèrement et poivrez. Couvrez et faites cuire 15 minutes environ à feu doux.

3. Préchauffez le four à 180 °C (th. 6). Passez les pommes de terre et la courge au moulin à légumes avec le cerfeuil. Répartissez la préparation au poulet dans 4 plats à gratin individuels. Recouvrez de purée. Parsemez de fromage râpé et enfournez 10 minutes environ. Servez chaud.

POUR LES SUPER GOURMANDS ★★★

BOULETTES DE BŒUF ÉPICÉES
aux haricots rouges

Calories : 551
Protides : 50 g
Lipides : 11 g
Glucides : 63 g

Pour 4 personnes
Préparation : 20 minutes
Cuisson : 25 minutes

300 g de viande de bœuf hachée maigre (5% MG)
1 œuf
50 g de chapelure
1 cuill. à café d'ail haché surgelé
2 cuill. à soupe de coriandre ciselée
1 cuill. à café de concentré de tomate
1 bonne pincée de piment de Cayenne (ou d'épices à chili)
Sel et poivre du moulin

Pour la garniture :
200 g de pulpe de tomates en boîte
600 g de haricots rouges en boîte
100 g de dés de poivrons rouges et verts surgelés
40 g d'oignons émincés surgelés
2 ou 3 pincées de cumin en poudre
1 cuill. à soupe d'huile d'olive

1. Préchauffez le four à 180 °C (th. 6).

2. Dans un saladier, mélangez la viande hachée avec l'ail et la chapelure. Ajoutez l'œuf, le concentré de tomate, la coriandre, le piment (ou les épices à chili), sel et poivre du moulin. Mélangez bien le tout.

3. Avec vos mains humides, formez des boulettes de la taille d'une noix du mélange précédent. Disposez-les au fur et à mesure sur une plaque tapissée de papier sulfurisé. Enfournez pour 15 minutes environ : les boulettes doivent être bien dorées.

4. Pendant ce temps, préparez la garniture. Chauffez l'huile dans une sauteuse (ou un wok) et faites-y revenir les oignons avec 1 pincée de sel pendant 3 minutes, sans coloration. Ajoutez les poivrons et laissez cuire 5 minutes en remuant avec une spatule en bois. Versez les tomates et les haricots rouges, sans les égoutter. Saupoudrez du cuminutes et mélangez. Puis couvrez et laissez mijoter 15 minutes environ à feu doux. Enlevez le couvercle, ajoutez les boulettes, mélangez et laissez réduire le jus de cuisson, en remuant de temps en temps. Servez les boulettes avec la garniture, dans des assiettes creuses.

POUR LES SOIRÉES D'HIVER ★★★

BŒUF
à la mexicaine

Calories : 451
Protides : 35 g
Lipides : 15 g
Glucides : 44 g

Pour 4 personnes
Préparation : 15 minutes
Cuisson : 1 heure 10

500 g de bœuf à braiser maigre (paleron), coupé en cubes
2 carottes
1 poivron rouge
1 poivron vert
150 g de riz long grain
400 g de maïs en grains en boîte
20 cl de coulis de tomates
2 oignons
2 gousses d'ail
1 cube de bouillon de bœuf
4 brins de persil
1 cuill. à café de paprika en poudre
Tabasco®
3 cuill. à soupe d'huile d'olive ou d'arachide
Sel et poivre du moulin

1. Épluchez et émincez les oignons. Pelez et lavez les carottes, puis coupez-les en petits dés.

2. Chauffez l'huile dans une cocotte à fond épais et faites-y dorer les cubes de viande de tous côtés à feu moyen. Réservez-les. À leur place, mettez les oignons à revenir jusqu'à ce qu'ils blondissent légèrement. Remettez la viande dans la cocotte, avec la gousse d'ail écrasée. Saupoudrez de paprika et mélangez.

3. Versez le coulis de tomates, puis mouillez d'eau de façon à couvrir largement la viande. Ajoutez le cube de bouillon émietté, ainsi que les carottes. Laissez mijoter 30 minutes à couvert.

4. Pendant ce temps, lavez les poivrons, puis coupez-les en deux, épépinez-les et taillez-les en morceaux réguliers. Ajoutez-les dans la cocotte, avec le riz. Salez, poivrez et ajoutez quelques gouttes de Tabasco. Poursuivez la cuisson 25 minutes à feu doux et à demi-couvert. Ajoutez alors le maïs rincé et égoutté. Laissez encore cuire 5 minutes à découvert, pour permettre au jus de bien réduire.

5. Rincez, effeuillez, puis hachez le persil. Parsemez-en le plat au moment de servir.

NOISETTE D'AGNEAU
et polenta aux champignons

Calories : 315
Protides : 19 g
Lipides : 19 g
Glucides : 17 g

Pour 4 personnes
Préparation : 10 minutes
Cuisson : 15 minutes

500 g de filet d'agneau (selle)
200 g de champignons de Paris émincés
30 cl environ de lait demi-écrémé
80 g de tomates séchées émincées
200 g de polenta
2 échalotes pelées et hachées
1 gousse d'ail pelée et hachée
2 cuill. à soupe de basilic ciselé
2 cuill. à café de thym séché
1 cuill. à soupe d'huile d'olive
Sel et poivre du moulin

1. Chauffez 1 cuillerée à café d'huile dans une poêle et faites-y revenir les échalotes 3 minutes en remuant. Ajoutez l'ail et les champignons émincés. Salez, mélangez et laissez cuire à feu doux pendant 7 à 8 minutes, en remuant de temps en temps sans laisser brunir.

2. Portez 30 cl d'eau et le lait à ébullition dans une casserole. Salez, versez la polenta en pluie et faites-la cuire selon les indications portées sur le paquet, de 6 à 8 minutes, en remuant sans cesse avec une cuillerée en bois. Si la préparation est trop sèche, ajoutez un peu d'eau. Hors du feu, incorporez le basilic, les tomates séchées et la poêlée de champignons. Couvrez et réservez.

3. Découpez le filet d'agneau en 12 petits médaillons. Assaisonnez-les. Chauffez le reste d'huile dans une poêle antiadhésive et faites-y légèrement dorer les médaillons à feu vif. Parsemez-les du thym et poursuivez la cuisson à feu doux 3 minutes environ : ils doivent rester rosés à cœur. Servez les médaillons arrosés de leur jus de cuisson, avec la polenta.

POUR LES TRÈS PRESSÉS

CROQUE-MADAME
aux fines herbes

POUR LES SUPER FAUCHÉS ★★★

Calories : 334
Protides : 21 g
Lipides : 18 g
Glucides : 22 g

Pour 4 personnes
Préparation : 5 minutes
Cuisson : 5 minutes

2 tranches de jambon blanc découennées, coupées en deux dans le sens de la largeur
4 œufs
8 tranches fines de gouda (coupées à la taille du pain de mie)
1 yaourt nature
8 noix de margarine pour tartiner
8 tranches de pain de mie complet
1 cuill. à soupe de fines herbes ciselées (ciboulette, persil...)
1 cuill. à café de moutarde
1 cuill. à soupe de vinaigre de cidre
1 cuill. à café d'huile de colza
1 cuill. à café d'huile d'olive + 1 filet pour la poêle
Sel et poivre du moulin

1. Dans un bol, mélangez la moutarde, le vinaigre, les deux huiles, le yaourt, les herbes, sel et poivre du moulin.

2. Tartinez de margarine une face de chacune des 8 tranches de pain, puis posez-les sur une grande assiette, côté margarine. Nappez l'autre face des tranches de pain de sauce. Posez sur chacune 1 tranche de fromage, puis ½ tranche de jambon pliée en deux sur la moitié des tranches de pain garnies de fromage. Recouvrez avec l'autre tranche de pain au fromage.

3. Préchauffez l'appareil à croque-monsieur. Faites cuire 5 minutes environ les croque-monsieur. Pendant ce temps, faites chauffer une poêle antiadhésive légèrement huilée au pinceau et faites cuire les œufs au plat. Servez chaque croque surmonté d'un œuf au plat.

DINDE
citron-estragon

Calories : 144
Protides : 24 g
Lipides : 4 g
Glucides : 3 g

Pour 4 personnes
Préparation : 20 minutes
Marinade : 3 heures
Cuisson : 25 minutes

400 g de blancs de dinde
6 cl de jus de citron + 1 cuill. à soupe de zeste de citron non traité râpé
1 oignon blanc pelé et haché
2 gousses d'ail écrasées
1 cuill. à soupe de Maïzena®
2 ou 3 branches d'estragon effeuillées et ciselées
1 cuill. à soupe de vinaigre à l'estragon
1 cuill. à soupe d'huile d'olive
Sel et poivre du moulin

1. Coupez les blancs de dinde en morceaux et poivrez-les. Mettez-les dans un saladier et arrosez-les de jus de citron, de vinaigre et de 6 cl d'eau. Ajoutez l'ail et le zeste de citron. Couvrez de film alimentaire et laissez mariner 3 heures au réfrigérateur.

2. Égouttez les morceaux de viande et réservez la marinade. Chauffez l'huile dans une sauteuse et faites-y revenir la viande 3 minutes à feu vif, en remuant. Ajoutez l'oignon, baissez sur feu moyen et faites suer 5 minutes.

3. Délayez la Maïzena® dans la marinade et versez le tout dans la sauteuse. Ajoutez l'estragon, couvrez et laissez mijoter 15 minutes à feu doux. Rectifiez l'assaisonnement en fin de cuisson. Servez chaud.

POUR LES SUPER FAUCHÉS

SMOOTHIE
minceur

Calories : 115
Protides : 3 g
Lipides : 2,5 g
Glucides : 20 g

Pour 2 personnes
Préparation : 5 minutes

250 g de fraises
200 g de pastèque
1 pomme de la variété de votre choix
2 cuill. à soupe de son d'avoine (en magasin bio ou diététique)
2 cuill. à café de graines de lin (en magasin bio ou diététique)
4 glaçons

1. Rincez et équeutez les fraises. Épépinez la pastèque, puis ôtez sa peau et sa chair blanche. Lavez la pomme, coupez-la en deux sans la peler, puis ôtez le cœur et les pépins. Coupez tous les fruits en morceaux.

2. Versez les glaçons et les fruits dans le bol du blender. Ajoutez le son d'avoine, ainsi que les graines de lin.

3. Mixez jusqu'à ce que le mélange soit mousseux. Si le smoothie est trop épais à votre goût, ajoutez 5 cl d'eau fraîche ou quelques glaçons.

4. Versez dans 2 grands verres et dégustez sans attendre.

POUR LES DÎNERS D'ÉTÉ

CAKE MOELLEUX *carottes et noisettes*

Calories : 176
Protides : 4,5 g
Lipides : 10 g
Glucides : 17 g

Pour 8 à 10 personnes
Préparation : 10 minutes
Cuisson : 30 minutes

200 g de carottes râpées
2 œufs
10 cl de lait de noisettes (type « Douceur noisettes » de Bjorg®, ou lait demi-écrémé)
80 g de farine (T65)
1 cuill. à café de poudre à lever biologique (sans phosphates)
60 g de sucre blond de canne
50 g de noisettes en poudre
70 g de purée de noisettes

1. Préchauffez le four à 180 °C (th. 6).

2. Mélangez dans un saladier les œufs, le sucre et la purée de noisettes. Versez peu à peu le lait. Ajoutez la farine, la levure et la poudre de noisettes, puis les carottes râpées

3. Versez la pâte dans un moule à cake antiadhésif (ou en silicone) et faites cuire 30 minutes. Attendez que le cake ait tiédi avant de démouler et servez tiède ou froid.

TARTARE
de fruits exotiques

Calories : 100
Protides : 1 g
Lipides : 0 g
Glucides : 24 g

Pour 4 personnes
Préparation : 15 minutes
Cuisson : 20 minutes

150 g d'ananas
2 fruits du dragon
½ mangue
1 banane
20 cl de jus de fruits exotiques (100 % pur jus)
1 cuill. à café de vanille en poudre
1 cuill. à soupe de menthe ciselée

1. Faites bouillir le jus de fruits exotiques et la vanille en poudre pendant quelques minutes. Laissez refroidir.

2. Épluchez les différents fruits. Coupez l'ananas et la mangue en cubes, les kiwis et la banane en fines rondelles.

3. Répartissez les fruits dans 4 coupelles transparentes en commençant par les rondelles de banane et de kiwi, puis en ajoutant les dés de mangue et d'ananas. Arrosez avec le jus à la vanille, parsemez de menthe ciselée et servez aussitôt. (Si vous préparez cette salade à l'avance, ajoutez-y les dés d'ananas au dernier moment sinon il ferait « virer » les autres fruits.)

TRIFLE ESTIVAL

Calories : 191
Protides : 11 g
Lipides : 7 g
Glucides : 21 g

Pour 4 personnes
Préparation : 10 minutes
Réfrigération : 1 heure

150 g de fraises
3 nectarines
400 g de fromage blanc au lait de chèvre
1 cuill. à soupe de menthe ciselée
30 g de pignons de pin
2 cuill. à soupe de sirop de thé vert à la menthe (Maison Meneau®, par exemple)

1. Pelez les nectarines, puis coupez-les en tout petits dés. Lavez les fraises, puis équeutez-les. Réservez-en 6 et coupez le reste en petits dés.

2. Mélangez les fruits ensemble et arrosez-les avec 1 cuillerée à soupe de sirop de thé vert à la menthe dilué dans 10 cl d'eau (à défaut, préparez un thé vert à la menthe sucré et réservez-en 10 cl). Réservez au frais pendant au moins 1 heure.

3. Mixez les pignons avec les 6 fraises réservées et le reste de sirop.

4. Égouttez le mélange de fruits (conservez le jus de macération) et répartissez-le dans le fond de 4 verres. Mélangez le fromage blanc avec un peu de jus de macération et versez dans les verres, en deuxième couche. Terminez par une couche de fraises et pignons mixés, et parsemez de menthe ciselée.

POUR LES DÎNERS D'ÉTÉ

VERRINES DE POMME
aux perles du Japon

Calories : 123
Protides : 3,5 g
Lipides : 1,5 g
Glucides : 24 g

Pour 6 personnes
Préparation : 25 minutes
Cuisson : 50 minutes

2 pommes (Antarès)
Le jus de ½ citron vert
40 cl de lait d'amandes (Bjorg®, par exemple ou lait demi-écrémé)
Quelques gouttes d'extrait d'amande amère
40 g de perles du Japon (ou de tapioca)
1 cuill. à soupe de sirop d'érable

1. Lavez les pommes et coupez-les en quartiers. Réservez 2 quartiers et pelez les autres.

2. Faites chauffer le lait d'amandes à feu doux dans une casserole, puis versez-y les perles du Japon. Râpez les quartiers de pomme pelés au-dessus de la casserole et mélangez. Faites cuire pendant 15 minutes environ : les perles doivent devenir translucides.

3. Pendant ce temps, coupez les quartiers réservés en lamelles puis en fins bâtonnets, de manière à conserver un peu de peau au sommet, comme pour imiter une allumette (tête rouge de la peau et tige blanche de la chair). Versez le jus de citron vert dessus et mélangez délicatement.

4. Au terme de la cuisson, ajoutez le sirop d'érable, mélangez et répartissez la préparation dans 4 verrines. Piquez dedans quelques bâtonnets de pomme façon « hérisson » et réservez au réfrigérateur pendant 2 heures.

POUR LES
REPAS FESTIFS
★★★

SMOOTHIE
belle peau

Calories : 125
Protides : 3 g
Lipides : 1 g
Glucides : 11,5 g

Pour 2 personnes
Préparation : 5 minutes

1 pamplemousse rose
2 poires bien mûres et juteuses (Conférence, par exemple)
1 grenade bien mûre
2 cuill. à soupe de germes de blé (en magasin bio ou diététique)
4 glaçons

POUR LES SUPER FAUCHÉS

1. Pelez les poires, coupez-les en deux, ôtez le cœur et les pépins, puis détaillez-les en morceaux.

2. Coupez la grenade en deux et passez-la au presse-agrumes.

3. Coupez le pamplemousse en deux et prélevez sa pulpe à l'aide d'une cuillerée directement au-dessus du bol du blender pour récupérer le maximum de jus. Faites attention à ne pas ôter de peau blanche ; elle rendrait le mélange amer. À la fin de cette opération, pressez le pamplemousse entre vos mains pour en recueillir tout le jus.

4. Ajoutez les glaçons, le jus de grenade, les morceaux de fruits et les germes de blé.

5. Mixez jusqu'à ce que le mélange soit mousseux. Si le smoothie est trop épais à votre goût, ajoutez 5 cl d'eau fraîche ou quelques glaçons.

6. Versez dans 2 grands verres et dégustez sans attendre.

YAOURTS GOURMANDS
ananas-coco

Calories : 139
Protides : 4 g
Lipides : 7 g
Glucides : 15 g

Pour 8 yaourts
Préparation : 15 minutes
Cuisson : 15 minutes
Étuvage : 9 heures

250 g d'ananas frais
90 cl de lait entier
1 yaourt au lait entier (ou 1 dose de ferments lactiques)
1 noix de beurre
40 g de lait demi-écrémé en poudre
10 cl de lait de coco
100 g de noix de coco en poudre
4 cuill. à soupe de sirop d'agave
1 cuill. à café de vanille en poudre
3 cuill. à soupe de noix de coco séchée

1. Chauffez le beurre dans une casserole. Coupez l'ananas en tout petits dés et déposez-les dans la casserole. Versez la vanille en poudre, mélangez et couvrez. Laissez cuire 10 minutes à feu doux.

2. Poêlez à sec la noix de coco séchée jusqu'à légère coloration. Ajoutez-la à l'ananas cuit et répartissez le tout dans le fond de pots de yaourts.

3. Portez le lait et le lait de coco à ébullition avec la noix de coco en poudre, puis laissez refroidir à température ambiante.

4. Filtrez le lait refroidi en le versant dans un saladier. Incorporez-y le yaourt (ou les ferments lactiques), la poudre de lait et le sirop d'agave. Versez la préparation sur l'ananas, puis placez les pots dans la yaourtière. Branchez et laissez étuver 9 heures. Mettez au frais avant de consommer.

TARTE AU FROMAGE BLANC
et au citron vert

Calories : 296
Protides : 10 g
Lipides : 12 g
Glucides : 37 g

Pour 8 personnes
Préparation : 20 minutes
Cuisson : 35 minutes

Pour la pâte à tarte sucrée :
100 g de margarine spécial cuisson
250 g de farine de blé (T65) + 1 cuill. à soupe pour le plan de travail
1 filet d'huile pour le moule
1 cuill. à soupe de sucre en poudre
Sel

Pour la garniture :
Le jus et le zeste râpé de 1 citron vert (non traité de préférence)
400 g de fromage blanc à 20 % MG
3 œufs
40 g de farine
60 g de sucre en poudre

1. Préchauffez le four à 200 °C (th. 6-7).

2. Préparez la pâte sucrée. Dans un saladier, mélangez la farine avec une pincée de sel. Faites un puits au centre, puis mettez-y la margarine et le sucre. Mélangez du bout des doigts en versant peu à peu 8 cl d'eau et formez une boule de pâte homogène, sans trop la pétrir. Laissez-la reposer.

3. Pendant ce temps, préparez la garniture. Dans un autre saladier, mélangez les œufs, le sucre, le fromage blanc, la farine, le zeste et le jus de citron.

4. Sur le plan de travail fariné, étalez finement la pâte au rouleau. Piquez-la à la fourchette, puis retournez-la avant de la déposer dans un moule à tarte préalablement huilé au pinceau. Versez-y la garniture. Enfournez pour 35 minutes. Servez tiède ou froid.

POUR LES SUPER GOURMANDS ★★★

SMOOTHIE
vert printemps

Calories : 67
Protides : 3 g
Lipides : 1 g
Glucides : 11,5 g

Pour 2 personnes
Préparation : 10 minutes

½ concombre à peau lisse
2 kiwis
⅓ poivron vert
Le jus de 1 citron vert
Quelques brins de coriandre
40 à 50 cl d'eau bien froide
6 glaçons
Fleur de sel

POUR LES GRANDS DÉBUTANTS
★★★

1. Pelez et coupez les kiwis en dés.

2. Lavez soigneusement le concombre, puis coupez-le en morceaux sans l'éplucher.

3. Épépinez le poivron et pelez-le à l'aide d'un rasoir à légumes ou d'un économe.

4. Lavez et effeuillez la coriandre.

5. Versez l'eau froide, les glaçons et le jus de citron dans le bol du blender. Ajoutez les morceaux de fruits, de poivron et la coriandre.

6. Mixez jusqu'à ce que le mélange soit homogène et ajoutez un peu de fleur de sel.

7. Mixez encore rapidement et versez dans 2 grands verres. Dégustez sans attendre.

TARTE MANGUE
et mousse coco

POUR LES **REPAS FESTIFS** ★★★

Calories : 259
Protides : 5 g
Lipides : 11 g
Glucides : 35 g

Pour 8 personnes
Préparation : 20 minutes
Égouttage : 4 heures
Repos : 1 heure
Cuisson : 35 minutes

Pour la pâte à tarte sucrée :
100 g de margarine spécial cuisson
250 g de farine de blé T65 + 1 cuill. à soupe pour le plan de travail
1 cuill. à soupe de sucre en poudre
1 filet d'huile pour le moule
Sel

Pour la garniture :
1 mangue
2 œufs
400 g de fromage blanc en faisselle à 20 % MG
2 cuill. à soupe de crème fraîche épaisse à 15 % MG
4 cuill. à soupe de noix de coco râpée
60 g de sucre blond de canne
Sel

1. Mettez la faisselle dans une passoire et laissez-la égoutter pendant 4 h, en éliminant l'eau régulièrement.

2. Préparez la pâte à tarte. Dans un saladier, mélangez la farine avec 1 pincée de sel. Faites un puits au centre, puis mettez-y la margarine et le sucre. Mélangez du bout des doigts en versant peu à peu 8 cl d'eau et formez une boule de pâte homogène, sans trop la pétrir. Laissez reposer 1 h au réfrigérateur.

3. Préchauffez le four à 200 °C (th. 6-7). Préparez la garniture. Cassez les œufs en séparant les blancs des jaunes. Dans un saladier, fouettez les jaunes avec le sucre jusqu'à ce que le mélange blanchisse légèrement. Incorporez la faisselle égouttée, puis la crème. Ajoutez 3 cuillerées à soupe de noix de coco et mélangez de nouveau. Montez les blancs en neige ferme avec 1 pincée de sel. Incorporez-les délicatement à la préparation précédente à l'aide d'une spatule souple, sans battre.

4. Pelez la mangue et coupez sa chair en lamelles jusqu'au noyau central. Sur le plan de travail fariné, étalez finement la pâte au rouleau. Piquez-la à la fourchette, puis retournez-la avant de la déposer dans un moule à tarte huilé, de 28 cm de diamètre. Versez-y la mousse, puis disposez les lamelles de mangue en rosace. Saupoudrez du reste de noix de coco et enfournez pour 35 minutes. Servez tiède ou froid.

CRÈMES
à l'orange

Calories : 109
Protides : 5 g
Lipides : 3 g
Glucides : 14 g

Pour 2 personnes
Préparation : 15 minutes
Infusion : 10 minutes
Cuisson : 30 minutes
Réfrigération : 2 heures

½ orange à jus non traitée
1 orange de table
1 œuf
10 cl de lait demi-écrémé
1 cuill. à soupe rase de sucre blond de canne
¼ gousse de vanille

POUR LES SUPER FAUCHÉS ★★★

1. Préchauffez le four à 150 °C (th. 5).

2. Versez le lait dans une casserole et ajoutez le morceau de gousse de vanille fendu et gratté. Portez à frémissements, puis retirez du feu et laissez infuser 10 minutes.

3. Pendant ce temps, râpez finement le zeste de la demi-orange non traitée, puis pressez-la pour recueillir son jus. Dans un saladier, fouettez rapidement l'œuf avec le sucre, puis ajoutez-y la moitié du jus recueilli et le zeste d'orange. Délayez avec le lait vanillé (ôtez la gousse).

4. Versez cette préparation dans 2 ramequins et placez-les dans un plat à four. Versez 2 à 3 cm d'eau dans le plat, autour des ramequins. Enfournez au bain-marie pour 30 minutes. À la sortie du four, laissez refroidir et réservez la crème au moins 2 heures au réfrigérateur.

5. Pelez à vif l'orange de table et détachez ses quartiers. Disposez-en quelques-uns sur la crème au moment de déguster.

TIRAMISU
aux framboises

Calories : 214
Protides : 9 g
Lipides : 10 g
Glucides : 22 g

Pour 8 personnes
Préparation : 20 minutes
Réfrigération : 3 heures

250 g de framboises
450 g de ricotta
4 yaourts vanillés
(voir recette maison p. 186)
24 biscuits savoiardi
(ou boudoirs ou biscuits
à la cuill.)
20 cl de café
2 cuill. à soupe de cacao
amer en poudre
2 cuill. à soupe de sucre
en poudre
½ cuill. à café d'extrait
de vanille liquide

1. Dans un saladier, fouettez la ricotta avec les yaourts, le sucre et la vanille jusqu'à consistance homogène.

2. Disposez la moitié des biscuits côte à côte dans un plat à gratin de 2 l de contenance. Badigeonnez-les au pinceau avec la moitié du café. Répartissez la moitié du mélange à la ricotta sur les biscuits, puis saupoudrez régulièrement de la moitié du cacao. Recommencez cette opération avec le reste des biscuits, du café et du mélange à la ricotta. Couvrez le plat de film alimentaire et réservez 3 heures au réfrigérateur.

3. Juste avant de servir le tiramisu, saupoudrez-le régulièrement du reste de cacao, puis garnissez-le de framboises.

POUR LES
SUPER
GOURMANDS
★★★

MINI-BROCHETTES DE FRUITS
au pain d'épices

Calories : 189
Protides : 2 g
Lipides : 1 g
Glucides : 43 g

Pour 4 personnes
Préparation : 15 minutes
Cuisson : 3 minutes

12 fraises
3 nectarines
12 mirabelles
8 tranches de pain d'épices
2 sachets de sucre vanillé

1. Mettez les piques en bois à tremper dans un récipient d'eau froide pour éviter qu'elles brûlent sous le gril.

2. Pelez les nectarines et coupez-les en deux. Dénoyautez-les et taillez-les en morceaux. Lavez les fraises, puis équeutez-les et coupez-les en deux. Lavez et essuyez les mirabelles, puis coupez-les en deux et dénoyautez-les.

3. Ôtez la croûte des tranches de pain d'épices, puis coupez-les en quatre ou en six, selon leur taille.

4. Allumez le gril du four (ou la plancha). Montez les mini-brochettes (utilisez des piques en bois) en alternant 1 cube de pain d'épices et 3 morceaux de fruits. Disposez-les sur la grille du four et saupoudrez-les du sucre vanillé. Passez sous le gril quelques minutes, jusqu'à légère coloration, et servez accompagné d'une coupelle de fromage blanc, par exemple.

POUR LES DÎNERS D'ÉTÉ

SMOOTHIE
détox

POUR LES
TRÈS PRESSÉS
★★★

Calories : 91
Protides : 2 g
Lipides : 0,8 g
Glucides : 19 g

Pour 4 personnes
Préparation : 5 minutes

2 kiwis
1 pamplemousse rose
1 pomme
½ ananas Victoria
Quelques lamelles de gingembre frais
2 pincées de curcuma
4 glaçons

1. Lavez la pomme et coupez-la en deux, sans la peler. Ôtez le cœur et les pépins, puis détaillez-la en morceaux, ainsi que les kiwis et l'ananas épluchés.

2. Coupez le pamplemousse en deux et prélevez sa pulpe à l'aide d'une cuillerée directement au-dessus du bol du blender pour récupérer le maximum de jus. Faites attention à ne pas ôter de peau blanche ; elle rendrait le mélange amer. À la fin de cette opération, pressez le pamplemousse entre vos mains pour en recueillir tout le jus.

3. Ajoutez les glaçons, les morceaux de fruits, le gingembre et le curcuma.

4. Mixez jusqu'à ce que le mélange soit mousseux. Si le smoothie est trop épais à votre goût, ajoutez 5 cl d'eau fraîche ou quelques glaçons.

5. Versez dans 2 grands verres et dégustez sans attendre.

PAPILLOTES DE BANANES
au sirop d'érable

Calories : 217
Protides : 3 g
Lipides : 5 g
Glucides : 40 g

Pour 4 personnes
Préparation : 10 minutes
Cuisson : 5 à 6 minutes

4 petites bananes
Le jus de 2 oranges
8 noix de pécan grossièrement concassées
4 pincées de cannelle en poudre
4 pincées de gingembre en poudre
4 pincées de vanille en poudre
1 cuill. à soupe de sirop d'érable

1. Préchauffez le four à 200 °C (th. 6-7).

2. Épluchez les bananes et coupez-les en deux dans le sens de la longueur. Dans un bol, mélangez le sirop d'érable, le jus d'orange, la cannelle, le gingembre et la vanille.

3. Découpez 4 grandes feuilles de papier sulfurisé (ou prenez des papillotes en silicone). Disposez 2 demi-bananes au centre de chacune d'elles, puis arrosez-les avec un quart du mélange épicé. Formez un bonbon avec le papier sulfurisé en prenant soin de ne pas renverser le jus. Fermez chaque extrémité avec une lanière de raphia (ou posez le couvercle de papillotes en silicone), puis déposez les papillotes obtenues sur une plaque. Enfournez pour 5 à 6 minutes. Pour servir, ouvrez les papillotes et parsemez-les de noix de pécan.

POUR LES SOIRÉES D'HIVER

YAOURTS VANILLÉS MAISON

Calories : 118
Protides : 6,5 g
Lipides : 4 g
Glucides : 14 g

Pour 8 yaourts
Préparation : 5 minutes
Étuvage : 9 heures

90 cl de lait entier
1 pot de yaourt au lait entier
1 pot de poudre de lait demi-écrémée
4 sachets de sucre naturel à la vanille de Bourbon (ou 40 g de sucre à la vanille Bourbon de Beghin say®)

1. Portez le lait à ébullition avec le sucre vanillé, puis laissez refroidir à température ambiante.

2. Dans un saladier, mélangez le yaourt, la poudre de lait et le lait vanillé. Versez le tout dans des pots de yaourts, puis placez-les dans une yaourtière et laissez étuver 9 heures. Réservez au frais avant de servir.

COMPOTE DE PASTÈQUES, *figues et pistaches*

Calories : 129
Protides : 3 g
Lipides : 5 g
Glucides : 18 g

Pour 4 personnes
Préparation : 15 minutes
Cuisson : 5 minutes
Réfrigération : 1 heure

4 figues fraîches
600 g de pastèque
3 cuill. à soupe de jus de citron
1 sachet de sucre vanillé
1 cuill. à soupe d'eau de fleur d'oranger
4 cuill. à soupe de pistaches non salées

1. Coupez la pastèque en quartiers, puis épluchez-les et épépinez-les. Recoupez la chair en petits morceaux et faites-la compoter dans une casserole avec le sucre vanillé et un peu d'eau pendant 5 minutes. Laissez refroidir.

2. Dans un saladier, mélangez le jus de citron et l'eau de fleur d'oranger. Ajoutez-y la compote de pastèque refroidie et mélangez bien. Couvrez de film alimentaire et réservez 1 heure au réfrigérateur.

3. Au moment de servir, répartissez la compote dans 4 coupelles, garnissez avec 1 figue fraîche coupée en quartiers, puis parsemez de pistaches.

POIRES POCHÉES
au sirop

Calories : 120
Protides : 1 g
Lipides : 0 g
Glucides : 29 g

Pour 4 personnes
Préparation : 15 minutes
Cuisson : 35 minutes

4 grosses poires de même calibre
2 oranges à jus
1 filet de jus de citron
3 cuill. à soupe de sirop d'érable (ou de miel)
1 cuill. à café d'extrait de vanille liquide
½ cuill. à café de cannelle en poudre

1. Préchauffez le four à 180 °C (th. 6).

2. Épluchez les poires, puis coupez-les en deux avec leur queue et épépinez-les. Répartissez les demi-poires côte à côte dans un plat à four. Citronnez-les pour éviter qu'elles noircissent.

3. Pressez les oranges pour recueillir leur jus, puis mélangez-le avec le sirop d'érable, la vanille et la cannelle. Versez le tout dans une casserole et portez à frémissements, à feu moyen, en remuant. Puis laissez épaissir ce sirop 5 minutes sans remuer.

4. Retirez du feu et versez le sirop sur les poires. Couvrez le plat de papier d'aluminium en le faisant bien adhérer aux bords.

5. Enfournez pour 30 minutes environ, jusqu'à ce que les poires soient très tendres. Laissez-les refroidir dans leur sirop avant de servir.

POUR LES GRANDS DÉBUTANTS ★★★

PANNA COTTA *vanillée au kiwi*

POUR LES GRANDS DÉBUTANTS ★★★

Calories : 118
Protides : 3 g
Lipides : 6 g
Glucides : 13 g

Pour 6 personnes
Préparation : 10 minutes
Cuisson : 1 minute
Réfrigération : 2 heures

3 kiwis
30 cl de lait demi-écrémé
20 cl de crème de soja pour pâtisserie (ou de crème à 15 % MG)
4 cuill. à soupe de sirop d'agave
Quelques gouttes d'extrait de vanille
1 cuill. à café de vanille en poudre
1 cuill. à café d'agar-agar en poudre

1. Pelez les kiwis et coupez-en un en tout petits dés.

2. Versez dans une casserole le lait, la crème de soja, la vanille en poudre, l'extrait de vanille et la poudre d'agar-agar. Mélangez et portez à ébullition pendant 1 minute sans cesser de mélanger.

3. Retirez du feu, versez 3 cuillerées à soupe de sirop d'agave et ajoutez les dés de kiwi, mélangez puis répartissez dans 6 verrines et laissez prendre 2 heures au réfrigérateur.

4. Pendant ce temps, coupez 3 rondelles dans un autre kiwi et recoupez-les en deux pour obtenir 6 demi-rondelles de kiwis. Réservez.

5. Mixez le kiwi restant avec le reste de sirop d'agave. Réservez au frais.

6. Au moment de servir, nappez chaque panna cotta de purée de kiwi et disposez une demi-rondelle de kiwi sur chaque bordure de verre. Servez frais.

INDEX DES RECETTES

Blanquette aux trois poissons, 104
Bœuf à la mexicaine, 150
Boulettes de bœuf épicées aux haricots rouges, 148
Boulettes de poisson à l'ananas, 36
Boulettes de porc aux pignons, coulis de tomates, 136
Bricks champignons-poireaux-cabécou, 30
Brochettes de mini-cakes chèvre-courgette, 31
Cabillaud aux herbes, 110
Cake aux poivrons, pecorino et cumin, 90
Cake moelleux, 160
Cake thon-olives-artichaut, 109
Caviar d'aubergines et ses chips au sésame, 12
Chips de betterave, dip de radis au cerfeuil, 32
Compote de pastèques, figues et pistaches, 187
Couscous de légumes, 98
Crèmes à l'orange, 176
Croque-madame aux fines herbes, 154
Croustillants chèvre-tomate, 80
Croustillants de crabe, 78
Crumble de lieu, champignons et carottes, 116
Cubes de polenta, ketchup maison, 68
Dinde citron-estragon, 156
émincé de poulet aux légumes aigres-doux, 40
et au citron vert, 170
Fajitas de poulet aux poivrons grillés, 144
Filets de canard à l'orange, 135
Galettes de sarrasin à la basquaise, 130
Galettes de sarrasin aux épinards, 60
Galettes de sarrasin roulées au saumon fumé, 34
Gaspacho melon-pastèque-concombre, 44
Gratin de courgettes fondantes, 84
Grillade de porc aux figues, 128
Hachis parmentier de dinde, 138
Hamburgers de poisson, 126
Lasagnes ricotta-épinards, 94
Merlu sauce sésame, purée de lentilles corail, 124
Mille-feuille chèvre-radis noir, 22
Mini-brochettes de fruits au pain d'épices, 180
Mini-cakes betterave-chèvre-échalote, 14
Mousse de ricotta aux légumes sur blinis, 24
Muffins poivrons-olives, 8
Noisette d'agneau et polenta aux champignons, 152
Œufs brouillés à la tomate épicée, 54
Œufs en nids de spaghettis, 58
Omelette aux champignons et au cheddar, 88
Paillassons de légumes, 74
Panna cotta vanillée au kiwi, 190
Papillotes de bananes au sirop d'érable, 184
Petits clafoutis aux aubergines, 48
Petits flans à la tomate, 82
Petits flans de carottes et champignons, 70
Petits gratins de poulet à la courge, 146
Poires pochées au sirop, 188
Poisson à l'ananas, 122
Quiche aux courgettes sans pâte, 92
Quiche chèvre-roquette, 86
Quiche thon-tomate, 118
Quinoa sucré aux deux raisins, 108
Risotto à la milanaise, 100
Risotto aux moules, 120
Riz sauté aux asperges, poulet et amandes, 140
Rougets farcis à la tomate, 106
Roulades de veau aux aubergines et à la mozzarella, 132
Roulé d'omelette aux fines herbes et comté, 26
Roulé de brocolis, 96
Rouleaux de poivron farcis au chèvre frais, 20
Salade acidulée aux graines de courge, 10
Salade de fèves aux framboises, 46
Salade de poire au gouda et au cumin, 66
Salade de roquette, poire et parmesan, 56
Salade printanière toute verte, 62
Samossas feta-concombre, 28
Sardines grillées farcies au caviar d'aubergines, 112
Smoothie belle peau, 166
Smoothie détox, 182
Smoothie minceur, 158
Smoothie, 172
Soupe au pistou, 52
Soupe de panais et poireaux au curry, 72
Soupe de patates douces et carottes, 64
Steaks aux trois poivrons, 142
Tajine de poulet aux pruneaux, 134
Tapas de concombre à la tapenade, 6
Tapas de pomme au caviar de carotte, 18
Tapas de radis noir au jambon ibérique, 42
Tartare aux deux saumons, 114
Tartare de fruits exotiques, 161
Tarte au fromage blanc, 170
Tarte mangue et mousse coco, 174
Tartines de cottage cheese au saumon fumé, 76
Terrine de ratatouille, 50
Thon aux légumes grillés, 102
Tiramisu aux framboises, 178
Trifle estival, 162
Velouté glacé de courgettes, 57
Verrines de crabe à la mangue, 38
Verrines de pomme aux perles du Japon, 164
Verrines tricolores au boulgour, 16
vert printemps, 172
Wrap de poulet aux carottes et à la mimolette, 83
Yaourts gourmands ananas-coco, 168
Yaourts vanillés maison, 186

CRÉDITS

Toutes les recettes sont de Solveig Darrigo-Dartinet, et les photos et le stylisme d'Éric Fénot et Delphine Brunet, sauf pour les recettes suivantes : Esterelle Payany : p. 158, 166, 172, 182.

Photographies/Stylisme – Bernard Radvaner/Motoko Okuno : p. 13 ; Caroline Faccioli/Sabine Paris : p. 30 ; Jérôme Bilic : p. 99 ; Bernard Radvaner : p. 147. © Anjelagr-123 RF : p. 161.